工业绿色发展税收立法研究

毛涛 著

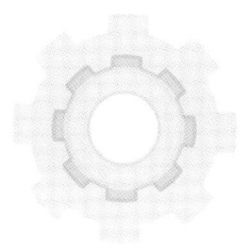

中国社会科学出版社

图书在版编目(CIP)数据

工业绿色发展税收立法研究 / 毛涛著 . —北京：中国社会科学出版社，2017.8

ISBN 978-7-5203-0999-8

Ⅰ.①工… Ⅱ.①毛… Ⅲ.①工业发展-税法-立法-研究-中国 Ⅳ.①D922.220.4

中国版本图书馆 CIP 数据核字(2017)第 223038 号

出 版 人	赵剑英
责任编辑	梁剑琴
责任校对	沈丁晨
责任印制	李寡寡

出 版	中国社会科学出版社
社 址	北京鼓楼西大街甲 158 号
邮 编	100720
网 址	http://www.csspw.cn
发 行 部	010-84083685
门 市 部	010-84029450
经 销	新华书店及其他书店
印刷装订	北京君升印刷有限公司
版 次	2017 年 8 月第 1 版
印 次	2017 年 8 月第 1 次印刷
开 本	710×1000 1/16
印 张	13.5
插 页	2
字 数	210 千字
定 价	56.00 元

凡购买中国社会科学出版社图书，如有质量问题请与本社营销中心联系调换
电话：010-84083683
版权所有　侵权必究

序　言

　　工业革命改变了人类的文明形态，田野牧歌般的农业文明的诗情画意在轰鸣的机器声悄然逝去，取而代之的是可以点燃的河流和烟雾弥漫的天空。1943年美国洛杉矶光化学烟雾事件、1952年英国伦敦烟雾事件以及21世纪以来萦绕在北京、新德里天空的雾霾，这些正是工业革命、后工业革命以来人类经历的和正在面对的挑战。为回应这一挑战，可持续发展、绿色发展、循环发展、低碳发展等理念应时而出。发展理念和消费方式的变革毫无疑问带有全局性，不过，归根到底还是取决于文明的转型，即以生态文明来替代工业文明，这是解决生态退化的不二选择。生态文明是以生态可持续为其根基，其伦理学是建立于代内公平、代际公平、种际公正三个维度之上的，与可持续发展伦理学相比，种际公正和生态正义这一维度是生态文明理念对可持续发展理念的超越。

　　党的十八大报告以专章的篇幅对生态文明建设进行了论述，勾勒出建设"美丽中国"的宏伟蓝图。建设生态文明和"美丽中国"要求我们必须变革传统的发展观，彻底摒弃以牺牲资源、环境甚至公众健康为代价换取短期经济增长的发展模式，选择绿色、循环、低碳发展路径。

　　在工业化进程中，我国取得了举世瞩目的成就。迄今我国已经建成了门类齐全、独立完整的现代工业体系。我国制造业产出约占全球的五分之一，在500余种主要工业产品中，220多种产量位居世界第一。中国制造不仅为全球提供了丰富多样、物美价廉的工业产品，也有力支撑了国民经济增长。不幸的是，在民族工业腾飞的同时，环境污染、生态退化也接踵而至并日益严峻。

为了应对生态危机，西方发达国家率先使用绿色税收策略，广泛采用排污税、能源税、资源税等经济工具，在一定程度上内化了环境污染和生态破坏的外部不经济性，激励市场主体减少资源能源消耗和污染物排放。与之相比，我国绿色税收立法起步较晚，相关制度建设较为滞后，在推动绿色发展，特别是工业绿色转型方面尚未发挥其应有的作用。工业是能源资源消耗及污染物排放的主要来源，从某种意义上讲，只有推动工业绿色发展，才能加快我国生态文明的建设步伐。为此，立足我国工业绿色转型需求，从立法视角对与工业绿色转型相关的税收进行系统研究，具有重要的学术意义和应用价值。

本书作者毛涛硕士、博士研读期间均是我指导的学生。学习期间，他参与了我主持的《中国绿色税制法律问题研究》（司法部）、《环境税收法律制度研究》（中国法学会）等课题研究工作，与我共同署名发表了《国外环境税制的立法实践及其对我国的启示》《完善环境税立法应对资源环境问题》等论文。从2010年开始，我指导毛涛重点研究应对气候变化税收立法问题，经过两年多的学习、思考、积累和研究，他的博士学位论文《碳税立法研究》荣获"中国政法大学优秀博士学位论文"。进入工业和信息化部国际经济技术合作中心工作后，毛涛博士主要研究工业绿色发展法律政策，同时还继续围绕绿色税收立法问题开展相关研究，接连发表了《〈巴黎气候变化协定〉背景下中国碳税立法构思》《论碳排放权交易制度的完善与征收碳税的必要性》等学术论文。

基于前期研究基础和在实践工作中的学术积累，毛涛博士撰写完成了《工业绿色发展税收立法研究》一书。本书以"中国制造2025"实施为背景，结合我国工业发展现状及绿色转型需求，在借鉴国外成功经验的基础上，立足我国工业发展实际，对绿色税收与工业转型的关系，绿色税收立法现状、存在的问题及其原因进行了深入分析，并提出完善绿色税收立法的建议。值得一提的是，该书专门研究了应对气候变化税收立法问题，在对碳排放交易体系进行分析的基础上，提出了我国碳税立法的具体建议以及协调碳税与碳排放交易的思路。本书的研究成果，对于工业绿色发展法律政策制定具有一定的参考价值。

借此机会寄语毛涛博士能够继续围绕工业绿色发展问题进行更为深入的思考，提出更多具有建设性的立法建议，是为序。

曹明德　于北京北清路寓所

2017 年 8 月 1 日

自　　序

工业在为人类社会创造财富的同时，引发了一系列生态环境问题。资源能源短缺、环境污染和生态破坏已经成为制约工业可持续发展的主要瓶颈。在解决生态环境问题方面，西方发达国家率先选用绿色税收，并取得积极成效。与传统环境管制方式相比，绿色税收可以内化外部不经济性，激励企业节约能源资源和减少污染物排放，同时也可以为生态环境改善筹集到必要的资金。

改革开放以来，依托廉价的自然资源和丰富的劳动力，我国工业发展迅速，建成了门类齐全、独立完整的工业体系，已经成为全球第一工业大国。由于我国工业生产方式粗放，不仅消耗了大量的能源资源，而且也带来了较多的污染物排放，不少地方的生态环境承载能力已经接近极限。工业作为能源资源消耗和污染物排放的"主阵地"，只有推动工业绿色转型，才有助于加快我国生态文明建设步伐。为减缓源于工业的生态环境影响，我国正在不断完善环境管理体系，积极创新管理手段。2016年12月通过的《环境保护税法》确立了首个专门性的绿色税收——环境保护税，实现了排污费与环境税的平稳转移和顺利对接，在我国环境保护立法史上具有里程碑意义。

本书立足我国工业发展现状及绿色转型需求，从绿色税收视角，提出了推动工业绿色发展的相关建议。本书首先分析了我国工业发展现状及面临的挑战，在此基础上，对工业绿色发展现状、存在的问题及其原因进行了剖析，同时结合《中国制造2025》关于绿色发展的相关要求，提出了运用包括绿色税收在内的相关手段去推动工业绿色转型。西方发达国家在绿色税收理论研究及实践应用方面，走在了世界前列，积累了不少经验。为学习国外做法，本书对国外绿色税收发展阶段、税收内容以及实施效果进行了梳理和研究。在借鉴国外经验的基础上，立足我国工业发展实际及绿色税收征管现状，分析了我国绿色税收征管现状、存在的问题及其原因，并结合绿色发展的相关要求，从绿色税收立法的价值选择、宏观构思及微观设计等方面提出完善建议。随后，针对气候变化问题，本书在对我国碳排放交易体系现状及问题进行研究的基础上，提出了完善碳排放交易制度的思路、协调碳税与碳排放交易关系的方案以及开展碳税立法的建议。

在本书的写作过程中，虽然围绕国内外绿色税收相关理论及制度实践进行了大量研究并提出了相关建议，力求研究成果可以为工业绿色发展提供有益参考，但是肯定存在不少疏漏和不足，敬请各位专家、学者和同人批评指正！

毛 涛

2017年8月

目 录

引言 ·· (1)

第一章 工业发展与绿色税收 ·· (3)

第一节 我国工业发展概况 ·· (3)
一 我国工业发展取得的成绩 ··· (3)
二 我国工业发展面临的挑战 ··· (5)
三 我国工业发展的新思路 ·· (6)

第二节 工业绿色发展的现实困境 ·· (7)
一 工业发展对生态环境的影响 ·· (7)
二 工业绿色发展面临的困境 ··· (10)
三 工业绿色发展困境原因分析 ·· (15)
四 推动工业绿色发展的相关建议 ······································· (22)

第三节 《中国制造 2025》与工业绿色发展 ······························ (25)
一 《中国制造 2025》背景下的工业绿色发展 ······················ (25)
二 工业绿色发展的相关目标 ··· (27)
三 工业绿色发展的主要工作 ··· (28)
四 工业绿色发展的主攻方向 ··· (29)

第四节 工业绿色发展与绿色税收 ·· (40)
一 推动工业绿色发展的相关措施 ······································· (40)
二 绿色税收的制度优势 ··· (50)
三 绿色税收的价值所在 ··· (52)

第二章 绿色税收立法域外实践 ··· (53)

第一节 绿色税收发展过程 ·· (53)
一 萌芽阶段 ··· (53)

二　初步发展阶段 …………………………………………… (54)
　　三　缓慢发展阶段 …………………………………………… (55)
　　四　快速发展阶段 …………………………………………… (56)
　第二节　绿色税收制度要点 ……………………………………… (59)
　　一　税收类型 ………………………………………………… (60)
　　二　税收范围 ………………………………………………… (61)
　　三　计税依据 ………………………………………………… (64)
　　四　特别政策 ………………………………………………… (65)
　　五　实施效果 ………………………………………………… (66)
　第三节　绿色税收最新发展 ……………………………………… (67)
　　一　计税依据 ………………………………………………… (67)
　　二　征收阶段 ………………………………………………… (68)
　　三　税目范畴 ………………………………………………… (69)
　　四　纳税义务人 ……………………………………………… (70)
　　五　税率 ……………………………………………………… (71)
　　六　税收归属及用途 ………………………………………… (72)
　　七　税收减免 ………………………………………………… (73)

第三章　我国绿色税收立法现状与问题 …………………………… (76)
　第一节　与资源利用相关的税收 ………………………………… (76)
　　一　相关规定 ………………………………………………… (76)
　　二　主要税种 ………………………………………………… (79)
　　三　与资源利用相关的费用 ………………………………… (85)
　　四　资源税存在的问题 ……………………………………… (87)
　第二节　与能源利用相关的税收 ………………………………… (88)
　　一　煤炭 ……………………………………………………… (89)
　　二　天然气 …………………………………………………… (95)
　　三　石油 ……………………………………………………… (106)
　　四　电力 ……………………………………………………… (110)
　第三节　与污染物排放相关的税收 ……………………………… (113)
　　一　排污费 …………………………………………………… (113)

二　排污费与环境税的制度衔接 …………………………… (115)
　　三　排污税的主要内容 ……………………………………… (117)
　　四　排污税存在的问题 ……………………………………… (120)
第四节　支持节能环保产业发展的相关税收 …………………… (120)
　　一　节能环保产业发展现状及改革方向 …………………… (120)
　　二　相关税收 ………………………………………………… (124)
　　三　存在的问题 ……………………………………………… (127)
第五节　我国绿色税收立法存在的问题 ………………………… (127)
　　一　部分税收定位不准 ……………………………………… (128)
　　二　征收领域不均衡 ………………………………………… (129)
　　三　专门性税收较少 ………………………………………… (130)
　　四　税收特殊政策运用不足 ………………………………… (130)
　　五　缺少专款专用的制度保障 ……………………………… (132)
第六节　绿色税收立法相关问题原因分析 ……………………… (132)
　　一　立法定位不当 …………………………………………… (133)
　　二　立法实践不成熟 ………………………………………… (134)
　　三　立法技术滞后 …………………………………………… (134)

第四章　我国绿色税收立法完善建议 ……………………………… (136)
第一节　绿色税收立法的价值选择 ……………………………… (136)
　　一　正义价值 ………………………………………………… (137)
　　二　秩序价值 ………………………………………………… (145)
　　三　效率价值 ………………………………………………… (152)
第二节　绿色税收立法的宏观构思 ……………………………… (158)
　　一　立法理念 ………………………………………………… (158)
　　二　立法目的 ………………………………………………… (160)
　　三　立法原则 ………………………………………………… (161)
　　四　立法体系 ………………………………………………… (164)
　　五　立法进程 ………………………………………………… (166)
第三节　绿色税收的具体设计 …………………………………… (167)
　　一　基本类型 ………………………………………………… (167)

二　征税范围 …………………………………………（168）
　　三　税率标准 …………………………………………（170）
　　四　税收特殊政策 ……………………………………（172）
　　五　税款使用制度 ……………………………………（172）

第五章　绿色税收案例研究
　　　　——基于气候变化背景下的碳税立法 …………（174）
　第一节　碳税与排放权交易的制度协调 ………………（174）
　　一　碳排放权交易制度实施效果评介 ………………（175）
　　二　碳排放权交易制度的完善建议 …………………（178）
　　三　征收碳税的必要性 ………………………………（180）
　　四　碳税和排放权的制度协调 ………………………（182）
　第二节　我国碳税立法的宏观构思 ……………………（183）
　　一　立法理念 …………………………………………（184）
　　二　立法目的 …………………………………………（185）
　　三　立法原则 …………………………………………（186）
　　四　立法进程 …………………………………………（187）
　第三节　我国碳税立法的微观设计 ……………………（188）
　　一　计税依据 …………………………………………（188）
　　二　征收阶段 …………………………………………（189）
　　三　税目范畴 …………………………………………（190）
　　四　纳税义务人 ………………………………………（191）
　　五　税率 ………………………………………………（193）
　　六　税收归属及用途 …………………………………（195）
　　七　税收减免 …………………………………………（196）

参考文献 ………………………………………………（198）

后记 ……………………………………………………（202）

引　言

经济发展往往会对生态环境产生或多或少的不利影响。工业革命以来，随着生产力水平提高，人类向自然界索取的资源能源及排放的污染物都呈指数增强，由此引发了一系列区域性甚至全球性的生态环境问题。资源环境约束已经成为人类面临的共同挑战，实现绿色发展已成为全球共识，《2030年可持续发展议程》和《巴黎协定》更是奠定了世界各国广泛参与绿色发展的基本格局。

为了减少经济活动对生态环境的不利影响，很多国家都在积极创新环境管理手段。在此过程中，绿色税收得以出现和广泛应用。20世纪20年代，福利经济学家庇古在著名的外部性理论中，指出税收可以被用来解决外部不经济性问题。该理论催生了绿色税收。但是在很长一段时间内，该理论并未受到决策者重视。直到20世纪70年代，随着"污染者付费原则"的提出，发达国家才开始广泛运用绿色税收。现阶段，在我国环境管理体系中，由于欠缺基于市场的管理措施，经济活动的外部不经济性难以内化，生态环境持续恶化的趋势并未得到彻底扭转。为补齐制度短板，我国加强了制度创新，开始运用税收调节具有生态环境影响的经济活动。

与发达国家相比，我国绿色税收理论研究及实践工作都起步较晚。关于绿色税收的概念，尚未形成一致看法，主要有"环境税""生态税"和"绿色税"三种观点。一是环境税。代表学者有华夏新供给经济学研究院首席经济学家、财政部财政科学研究所原所长贾康研究员，环境保护部环境规划院副院长王金南研究员，《中国政法大学学报》主编曹明德教授。二是生态税。代表学者有中央财经大学计金标教授、长春税务学院王金霞教授、华东交通大学韩士专教授。三是绿色税收。代表学者有清华大学国情研究院院长胡鞍钢教授、北京大学武亚军教授、天津财经大学李颖教授。本书将推进绿色发展的税收统称为绿色税收，主要理由如下：从2016年我国出台的《环境保护税法》来看，环境税似乎成了排污税的代名词，调控范围尚未涵盖经济活动的方方面面；生态税侧重于对生态利用及养护活动的调控，与环境税一样，存在调控范围窄的问题。而绿色税收是一种广义税收，可以将排污税、资源税、能源税等具有绿色属性的专门税收及相关税收都囊括在内，与绿色发展的要求相一致，更符合时代需求。

近些年，我国高度重视生态环境保护问题，出台了一系列推动绿色发展的重要文件。党的十八大将生态文明建设提升到"五位一体"的战略高度，2016年印发的《关于加快推进生态文明建设的意见》确立了生态文明建设的具体目标及任务，并首次提出将"绿色化"融入社会经济发展的全过程。党的十八届五中全会审议通过《中共中央关于制定国民经济和社会发展第十三个五年规划的建议》，强调牢固树立并切实贯彻创新、协调、绿色、开放、共享五大发展理念。由此，绿色发展成为指导我国经济发展的重要理念之一。

工业是能源资源消耗及污染物排放的重点领域。从一定程度上讲，工业绿色发展的步伐直接决定着生态文明建设进程。2015年5月出台的《中国制造2025》，是中国政府实施制造强国战略第一个十年行动纲领，明确将绿色发展作为我国制造业转型的主攻方向。为加快工业绿色转型速度，有必要完善相关保障机制，广泛运用财税激励政策。通过完善绿色税收立法，可以引导工业向着环境友好型的方向发展，加快我国绿色发展步伐。

第一章

工业发展与绿色税收

工业是立国之本、兴国之器、强国之基。① 一个国家或地区的工业化发展水平,往往代表着其科技水平和经济实力。近些年,我国工业发展取得了举世瞩目的成就,对中国乃至世界经济的发展都做出了巨大贡献。

第一节 我国工业发展概况

一 我国工业发展取得的成绩

(一) 产业规模迅速扩大

从改革开放开始,特别是进入 21 世纪以来,我国工业发展迅速,总体规模不断扩大。2010 年,我国制造业产出超越美国居世界首位,约占全球的 20%。当前,我国已经建成了门类齐全、独立完整的工业体系,成为全球第一制造大国,实现了由小变大的历史性转变。② 在 500 余种主要工业产品中,我国有 220 多种产量位居世界第一。③ 2016 年,我国入选"财富世界 500 强"的企业达到 110 家,仅次于美国,位居世界第二。④ 从国内看,我国工业增加值占

---

① 参见《中国制造 2025》。
② 参见《中国制造 2025》。
③ 工业和信息化部:《中国制造 2025 解读材料》,电子工业出版社 2016 年版,第 39 页。
④ 财富中文网(http://www.fortunechina.com/fortune500/c/2016 - 07/20/content_266955.htm)。

GDP 的比重由 1952 年的 17.6% 提高至 2016 年的 33.3%，达到 24.8 万亿元。①

(二) 企业创新能力增强

科技创新是企业的生命力。我国一直注重科技创新问题，鼓励企业通过创新提升竞争力。首先，科研投入逐步增多。"十二五"期间，规模以上工业企业研发费用支出占主营业务收入比重超过 0.85%，新一代信息技术、高档数控机床等十大重点领域发明专利年均增长率超过 23%。② 其次，科技人才队伍壮大。《"十三五"国家科技人才发展规划》显示，我国科技人力资源总量超过 7100 万，研究与发展人员总量为 535 万，均跃居世界第一位；企业科研人员占全部科研人员全时当量的 78.1%，已成为我国科研活动的主体；"十二五"期间，回国人才超过 110 万，是前 30 年回国人数的 3 倍。最后，发明专利越来越多。近些年，我国科技创新能力不断增强，国内及国际专利申请量均位居世界前列。2016 年，国内全年发明专利受理量达到 133.9 万件，位列全球第一；国际专利申请数量达 4.3 万件，位列全球第三。③ 其中，不乏大量与制造业相关的技术。

(三) 产业发展迈向高端

随着我国制造业规模的扩大，工业体系逐步完善，企业创新能力不断增强，我国工业由以满足国内需求为主的自给自足模式逐步转变为同时服务于国内外两个市场的开放型模式。在这个过程中，我国与国外的交往越来越多，国际贸易和投资量都显著增长，中国制造业参与国际分工的广度和深度都在不断扩展。凭借着丰富的资源、廉价的劳动力等优势，中国制造占据了越来越大的市场，并逐步由产业链中低端向中高端迈进。当前，我国载人航天、探月工程、载人深潜、新

---

① 参见《2016 年国民经济和社会发展统计公报》。
② 参见《2016 年全国工业和信息化工作会议》，工业和信息化部网站（http://www.miit.gov.cn/n973401/n4555732/index.html）。
③ 参见《2016 年中国发明专利申请受理量达 133.9 万件》，2017 年 4 月，国务院新闻办公室（http://www.scio.gov.cn/xwfbh/xwbfbh/wqfbh/35861/36536/zy36540/Document/1549498/1549498.htm）。

支线飞机、大型液化天然气船、高速轨道交通、特高压输变电设备、百万吨乙烯成套装备、风力发电设备、千万亿次超级计算机等制造能力已经跃居世界前列。①

二 我国工业发展面临的挑战

（一）制造业国际竞争形势加剧

随着我国制造业的迅速发展，发达国家开始重新定位本国制造业发展战略，制造业再度成为全球经济竞争的主战场，掀起了高端制造回归与低端制造转移的浪潮。近期，各国纷纷出台制造业发展战略，如美国《先进制造业伙伴计划》、德国《工业4.0》、日本《制造业白皮书》和法国《34项振兴工业行动计划》。与此同时，东南亚一些国家依靠廉价的劳动力及自然资源的优势，正在吸引劳动密集型产业向这些国家转移。这种变化对于全球工业格局产生着重要的影响，使我国在高端装备制造方面面临着发达国家的挑战，而在以劳动密集型为主的低端制造方面又面临着发展中国家的竞争。②

（二）制造业下行压力增大

除了国际影响外，国内工业经济也面临着下行压力，不少企业经营困难。与2009年相比，2010年全年规模以上工业增加值增长15.7%，增速提高4.7个百分点。③ 随后工业经济下行趋势明显，2016年增速仅为6%左右。④ 不少因素制约着工业经济增长。比如，近些年我国制造业投资增速持续下滑。2010年，工业投资98716亿元，与2009年相比，增长22.8%。⑤ 2016年，工业投资227892亿

---

① 参见《中国制造2025》。
② 工业和信息化部：《中国制造2025解读材料》，电子工业出版社2016年版，第47—49页。
③ 参见《中国2010年规模以上工业增加值比上年增长15.7%》，2011年1月，中国新闻网（http://www.chinanews.com/cj/2011/01-20/2799899.shtml）。
④ 参见《2017年全国工业和信息化工作会议》，2016年12月，工业和信息化部网站（http://www.miit.gov.cn/n973401/n5430758/n5430778/c5440665/content.html）。
⑤ 参见《2010年固定资产、工业投资情况》，2011年1月，中国政府网（http://www.gov.cn/gzdt/2011-01/28/content_ 1794576.htm）。

元，与 2015 年相比，仅增长 3.6%。① 再如，对于传统产业相对集中的东北等地区，转型压力较大，企业经营困难重重。

（三）供给侧结构性问题突出

自我国加入 WTO 之后，在新一轮的投资和出口拉动下，我国逐步成为世界第一制造大国。但是，在这个过程中，我国制造业发展相对粗放，产生了较为突出的结构性问题。技术水平相对较低的制造业规模迅速扩大，库存不断增加，供应逐渐大于需求，随着产品价格下跌，不少企业难以为继。供给侧存在的问题突出，多数企业的产品仅能满足中低端需求。随着投资下滑和出口需求下降，很多企业受到较大冲击，难以为继。

三　我国工业发展的新思路

为顺应国际制造业发展趋势，在新一轮的国际竞争中占据有利地位，国务院于 2015 年 5 月正式印发《中国制造 2025》，系统勾画出我国制造业发展蓝图，对我国制造业转型升级具有重要的战略意义。

工业和信息化部部长苗圩曾用"一二三四五五十"来总结《中国制造 2025》的主要内容。② "一"是指一个目标，即实现从制造业大国向制造业强国的历史性跨越。"二"是指通过两化融合发展来实现这个目标。"三"是通过"三步走"战略来实现目标：第一步，到 2025 年迈入制造强国行列；第二步，到 2035 年整体达到世界制造强国阵营中等水平；第三步，到新中国成立 100 年时，我国制造业大国地位更加巩固，综合实力进入世界制造强国前列。"四"是四项原则：市场主导、政府引导；立足当前、着眼长远；全面推进、重点突破；自主发展、合作共赢。第一个"五"是五条方针：创新驱动、质量为先、绿色发展、结构优化、人才为本。第二个"五"是五大工程：制造业创新中心建设工程、工业强基工程、智能制造工程、绿色制造工

---

① 赵云城：《国家统计局五位司长解读 2016 年中国经济"年报"》，2017 年 1 月，中国经济网（http://news.china.com.cn/2017-01/22/content_40156618_2.htm）。

② 参见《"中国制造 2025"可简单概括为"一二三四五五十"》，2015 年 5 月，中国政府网（http://www.gov.cn/xinwen/2015-05/20/content_2865061.htm）。

程、高端装备创新工程。"十"是十个重点领域：新一代信息技术、高档数控机床和机器人、航天航空装备、海洋工程装备及高技术船舶、先进轨道交通装备、节能与新能源汽车、电力装备、新材料、生物医药及高性能医疗器械、农业机械装备。

《中国制造2025》战略的实施效果在某种程度上决定着我国能否顺利实现由制造大国向强国的转变。为此，工业和信息化部正在有序推进编制"X"体系方案，围绕落实《中国制造2025》制定一个包含33项专项规划的体系，例如，工业强基工程实施方案（2016—2020年）、绿色制造工程实施方案（2016—2020年）、智能制造工程实施方案（2016—2020年）。从地方层面看，各地积极响应、主动对接，出台系列推进方案计划，如《中国制造2025北京行动纲要》《中国制造2025河南行动纲要》《中国制造2025甘肃行动纲要》。

第二节 工业绿色发展的现实困境

工业在创造社会财富的同时，带来了不少生态环境问题。工业是能源资源消耗和污染物排放的"主阵地"。在工业化进程中，能源资源需求不断扩大，污染物排放也随之增多，资源环境的承载能力已经接近极限，区域性环境污染、生态破坏现象频发。资源环境约束已经成为制约工业绿色发展的主要瓶颈。

一 工业发展对生态环境的影响

工业发展消耗了大量的能源资源，特别是不可再生资源消费急剧增长，能源资源供给不足以及与化石能源使用相伴而生的环境污染问题突出。

（一）能源使用情况

在我国工业快速发展的同时，能源消耗与日俱增。1978年全国能源消耗量为5.7亿吨标准煤，2016年为43.6亿吨标准煤，增长超过6倍。① 其中工业作为能源消耗的重点领域，约占全社会总消耗量的70%。

从资源禀赋看，我国富煤、少油、贫气，逐渐形成了以煤炭为主的能源消费结构。2000年我国煤炭消费量为13.6亿吨，到2015年增长至39.65亿吨，约占世界煤炭消费量的一半。② 同期，煤炭在我国能源消费中的比重虽有所下降，但依旧居主导地位。2000年煤炭占一次能源消费比重的68.5%，到2016年虽然下降至62%，但仍远高于原油、水电、风电、核电、天然气等能源的占比。③ 相关数据显示，除电力行业外，2012年工业领域煤炭消耗占煤炭消耗总量的46%，其中焦化、煤化工、工业锅炉和工业炉窑分别占工业用煤的29%、20%、30%和16%。④ 我国石油消费量也较高。中国石油集团经济技术研究院数据显示，2016年国内石油表观消费量达到5.66亿吨。在工业领域，除了作为燃料使用外，石油还可以作为原料，大量应用于化工领域。

随着技术进步，可利用的清洁能源种类越来越多，清洁能源在整个能源消费构成中的占比逐步提高。2016年，水电、风电、核电、天然气等清洁能源消费量占能源消费总量的19.7%。⑤ 天然气作为国家应用的清洁能源，近十年消费量明显提升。2005年我国天然气消费量为468亿立方米。⑥ 2016年，天然气产量1371亿立方米，同比增长1.5%；天然气进口量721亿立方米，同比增长17.4%；天然气消费量2058亿立方米，同比增长6.6%。⑦ 除此之外，水电、风电、核电

---

① 参见《2016年国民经济和社会发展统计公报》。
② 参见《中国2015年煤炭消费量39.65亿吨，占世界一半》，《北京商报》2016年5月25日。
③ 参见《2016年国民经济和社会发展统计公报》。
④ 参见《工业领域煤炭清洁高效利用行动计划（2015—2020年）》。
⑤ 参见《2016年国民经济和社会发展统计公报》。
⑥ 参见《2016年中国天然气生产量、消费量、进口量情况分析》，2016年6月，中国产业信息网（http://www.chyxx.com/industry/201606/421509.html）。
⑦ 参见《2016年全国天然气运行简况》，2017年2月，安徽省能源局（http://nyj.ahpc.gov.cn/info.jsp？xxnr_id=10087976）。

等新能源的使用量也越来越多。截至 2015 年，我国可再生能源装机容量占全球总量的 24%，新增装机占全球增量的 42%，已经成为世界节能和利用新能源、可再生能源第一大国。① 截至 2015 年年底，水电、风电、光伏发电装机分别达到 3.2 亿千瓦、1.2 亿千瓦、4300 万千瓦左右，可再生能源发电总装机达到 4.8 亿千瓦左右。② 但值得注意的是，近些年，由于电力消纳能力不足，出现了大规模的弃风及弃光现象，据国家统计局数据显示，2015 年前三季度，全国弃光率为 10%。以弃风弃光率相对较高的新疆为例，新疆发改委公布数据显示，2016 年上半年，新疆弃风率达 43.9%，同比上涨 16%，弃光率达 31.8%，同比上涨 15.7%。③

（二）资源使用情况

工业发展需要以自然资源作为基本保障。近年来，我国矿产资源生产持续增长，煤炭、铁矿石、粗钢、十种有色金属、黄金等多种矿产品产量居世界首位。

"十二五"期间，原煤产量 192 亿吨，增长 30.2%；原油产量 10.5 亿吨，增长 9.7%；天然气产量 5941 亿立方米，增长 52.7%。铁矿石产量 68.0 亿吨，增长 67.0%；粗钢产量 38.5 亿吨，增长 46.8%；十种有色金属产量 2.1 亿吨，增长 69.5%；黄金产量 2100 吨，增长 45.1%；水泥产量 115.7 亿吨，增长 53.3%。矿产品贸易总额 4.99 万亿美元，增长 81.4%。进口煤炭 13.3 亿吨，增长 195.7%；石油 16.3 亿吨，增长 46.3%；铁矿石 41.4 亿吨，增长 71.2%。④ 其中，大多数资源消耗于工业领域。

除了矿产资源外，工业发展也消耗了大量的水资源。2015 年全国

---

① 刘振民：《全球气候治理中的中国贡献》，2016 年 3 月，求是网（http://www.qstheory.cn/dukan/qs/2016-03/31/c_1118463935.htm）。

② 参见《2016 年全国能源工作会》，2015 年 12 月，中国政府网（http://www.gov.cn/xinwen/2015-12/30/content_5029432.htm）。

③ 《五年内太阳能装机容量再增 4000 万千瓦，力争将弃风弃光率降至 5%》，参见 http://money.163.com/16/1107/20/C5A087TG002580S6.html#from=keyscan。

④ 国土资源部：《中国矿产资源报告 2016》，地质出版社 2016 年版，第 1 页。

水资源总量27962.6亿立方米。其中,全国总用工业用水1334.8亿立方米,占总用水量的21.9%;万元工业增加值用水量58.3立方米(当年价),按可比价计算比2010年下降37%。① 以湖南省长沙市为例,2015年长沙市规模工业取水量10.12亿立方米,同比增长5.9%,用新水量为2.53亿立方米,同比增长8.0%,规模工业用水总体呈增长态势。②

(三) 污染物排放情况

工业在消耗能源和资源的同时,排放了大量的污染物。工业领域排放的主要污染物二氧化硫、氮氧化物排放量分别占全国的90%、70%,烟尘、粉尘排放量约占全国的85%以上;特别是对人民群众危害严重的非常规污染物如持久性有机污染物、重金属等几乎都来源于工业领域。③ 再如,长江流域沿江分布着七大石化产业集群、五大钢铁基地,集聚着造纸、制革、电镀、印染、有色金属等行业,污染源相对集中,排放了大量的化学需氧量、氨氮、二氧化硫、氮氧化物以及铅、镉、砷等重金属。从长江流域污染来源看,工业是仅次于生活和农业的第三大水污染源,而在大气污染及重金属污染方面,工业则是首要污染源。

二 工业绿色发展面临的困境

(一) 能源利用领域

在能源利用领域,最大问题就是能源利用效率较低。当前,在我国能源构成中,化石能源消费占比过高,超过80%。在化石能源使用的过程中,不仅排放了大量的二氧化碳,而且也是大气污染问题的主要诱因。

---

① 参见《2015年中国水资源公报》。
② 参见《2015年长沙规模工业用水情况浅析》,2016年4月,长沙统计信息网(http://www.cstj.gov.cn/static/jcndbg/20160411/31164.html)。
③ 工业和信息化部:《中国制造2025解读材料》,电子工业出版社2016年版,第117页。

1. 总体情况

提升能源效率，可以降低单位工业增加值的能源消耗及相关污染物排放。在能效提升方面，我国开展了高效节能产品推广、重点行业能效对标达标等工作。"十二五"期间，规模以上企业单位工业增加值能耗累计下降28%，实现节能量6.9亿吨标准煤，对全社会节能目标的贡献率达到80%以上。仅2015年，工业企业吨粗铜综合能耗下降0.79%，吨钢综合能耗下降0.56%，单位烧碱综合能耗下降1.41%，吨水泥综合能耗下降0.49%，每千瓦时火力发电标准煤耗下降0.95%。[①] 尽管如此，我国能耗水平依旧较高，不仅远高于发达国家，甚至高于很多发展中国家。其中，钢铁行业国内平均能效水平与国际先进水平相比落后6%—7%，建材落后10%左右，石化化工落后10%—20%。

2. 个案分析

煤炭作为支撑我国工业发展的主体能源，在其利用过程中，存在着一系列问题，主要如下：

一是资源浪费严重。无论是煤炭开采还是利用，都存在着严重的资源浪费问题。在开采阶段，与煤炭伴生的煤矸石、煤泥、煤矿瓦斯、矿井水等资源，往往被视为废物直接丢掉；在利用阶段，低阶煤浪费问题最为突出。据统计，我国每年约消耗20亿吨低阶煤，其热值虽然不高，但是却蕴含着丰富的油气资源。对这些低阶煤进行梯级综合利用，大约可以产出14亿吨提质煤、1.43亿吨成品油和0.84亿吨天然气。这样做，不仅可以提高燃煤效率，而且有助于缓解我国油气资源对外依存度过高的问题。但是现实情况是，90%以上的低阶煤被直接用于发电、工业锅炉和民用散烧，造成了巨大浪费。

二是环境污染较大。在煤炭使用过程中，与之相伴的煤烟型污染相当严重。工业和信息化部文件显示，全国烟粉尘排放的70%，二氧化硫排放的85%，氮氧化物排放的67%都源于以煤炭为主的化石能源利用。究其原因，我国煤炭利用集中度过低，仅一半左右用于发电领

---

① 参见《2015年国民经济和社会发展统计公报》。

域。这些新建或改建的电厂多采用了先进的污染处理设施，不少电厂的污染物排放标准已经接近天然气发电水平。但是，中小工业锅炉、窑炉、取暖炉、炊事用炉等分散用煤占比依旧较高，达到20%左右。由于分散用煤量大面广、利用方式粗放，而且多数并未采用环境治理措施，污染物排放量较大。环保部公布的资料显示，我国每年散煤消耗量在6亿—7亿吨，占全国煤炭消耗量的20%，仅次于电力行业。分散用煤每年排放二氧化硫接近1000万吨，与电力行业基本持平；氮氧化合物约320万吨，仅次于电力和机动车。[①] 华能集团研究表明，电煤占煤炭利用的比例每提高1个百分点，就可以减少1.5%的大气污染排放总量。国外往往通过提高煤炭利用的集中度去解决环境污染问题，美国约95%的煤炭集中于发电领域。

三是经济效益不高。当前，我国与煤炭清洁高效利用相关的专利申请数量明显增多，相关企业的创新能力也在不断增强。但是，需要注意的是，大多数专利的含金量并不高。由此导致，我国煤炭利用多集中于技术水平相对较低的产业链上游环节，煤炭要么被直接燃烧，要么生成煤化工初级产品。其中，煤炭直接燃烧的附加值最低，较早终结了使命。在煤化工领域，合成氨、甲醇、电石和焦炭等初级产品的产量虽然较高，但附加值却较低，相关企业效益并不好；而煤焦油、焦炉煤气制取和深加工等附加值较高的现代煤化工却鲜有企业涉足，即使已开展相关业务，由于受到国际石油价格及国内相关制度制约，效益往往不好。

针对上述问题，结合工业用煤炭实际情况，国家开展了一系列工作。2015年3月，工业和信息化部会同财政部联合印发了《工业领域煤炭清洁高效利用行动计划》，以提高工业煤炭利用效率、减少污染物排放为主线，开展了重点用煤设备节能环保技术改造、加快高效锅炉窑炉的产业化和推广应用等工作，并在唐山、淄博、徐州、榆林等8座重点耗煤城市开展相关试点工作。但工业领域用煤仍存在不少问题：一是能耗高、污染重，焦化、工业炉窑、煤化工、工业锅炉等

---

① 涅元锦：《治理"散煤"燃烧是治霾着力点》，《中国煤炭报》2014年8月1日。

主要用煤领域装备技术水平偏低，与国际先进水平相比存在较大差距；二是煤化工结构不合理，煤炭综合利用效率较低，部分产品存在产能过剩现象，产品附加值有待提高；三是煤炭利用产业融合度不高，大多数煤化工企业相对独立，与相关产业衔接不够，煤炭整体利用水平有待提升。①

(二) 资源利用领域

近些年我国资源综合利用率进一步提到，但是与发达国家相比尚存在一些差距，目前工业固体废物综合利用率为65%，其中：尾矿22%、煤矸石68%、工业副产石膏47%、钢铁冶炼渣79%、赤泥4%。主要再生资源回收利用量（2.2亿吨），其中：再生有色金属1235万吨、废钢铁8330万吨、废弃电器电子产品4亿台、废塑料（国内）1800万吨、废旧轮胎550万吨。②

在水效提升方面，我国开展了水效"领跑者"、合同节能等工作，全行业水耗进一步下降。"十二五"期间，单位工业增加值用水量累计下降36.7%；③工业用水量长期稳定在1400亿立方米左右，约占全社会用水量的20%，较好地支撑了工业增长。但值得注意的是，我国万美元工业增加值用水量为569立方米，还远高于日本的88立方米，韩国的55立方米。④

由于我国资源消耗量过高，且利用效率较低，资源对外依存度较高。目前国家能源自给率约为84.5%。⑤2015年国内石油进口量达到3.34亿吨，增长8.8%，对外依存度高达60.6%，逼近61%的红线。同年，天然气进口量为624亿立方米，增长4.7%，管道气和LNG进口量分别占56.7%和43.3%，对外依存度升至32.7%。此外，大量

---

① 参见《工业领域煤炭清洁高效利用行动计划（2015—2020年）》。
② 参见《工业绿色发展规划（2016—2020年）》。
③ 高云虎：《"十二五"期间累计淘汰炼钢9486万吨》，2016年12月，电缆网（http://news.cableabc.com/hotfocus/20161219579288.html）。
④ 李毅中：《"十三五"全社会环保投资将达17万亿》，慧聪水工业网（http://info.water.hc360.com/2015/12/111109531526-2.shtml）。
⑤ 国土资源部：《中国矿产资源报告2015》，地质出版社2015年版，第1页。

工业原材料依赖进口，铁矿石进口9.33亿吨，占国际贸易量的69%；天然橡胶、铜、镍、铝土矿、铅锌等对外依存度超过50%，有的高达85%。

（三）污染物排放领域

为减缓源于工业的污染问题，我国正在积极推动工业领域的清洁生产工作。"十二五"期间，工业和信息化部组织实施了清洁生产技术、工业产品绿色设计、有毒有害原料（产品）替代等推广应用工作，钢铁、有色、轻工、纺织等行业的清洁生产水平显著提高。但是，需要注意的是，与工业发展相伴而生的大气污染、水污染及土壤污染问题依旧严重。

大气污染方面，2013年以来，以PM10和PM2.5为特征的大气污染现象备受社会关注。2013年雾霾波及25个省份，100多个大中型城市，全国平均雾霾天数达29.9天，创52年来之最。[①] 2016年，全国338个地级及以上城市中，有84个城市环境空气质量达标，占全部城市数的24.9%；254个城市环境空气质量超标，占全部城市数的75.1%。338个地级及以上城市平均优良天数比例为78.8%，比2015年上升2.1个百分点；平均超标天数比例为21.2%。新环境空气质量标准第一阶段实施监测的74个城市平均优良天数比例为74.2%，比2015年上升3.0个百分点；平均超标天数比例为25.8%；细颗粒物（PM2.5）平均浓度比2015年下降9.1%。474个城市（区、县）开展了降水监测，降水pH年均值低于5.6的酸雨城市比例为19.8%，酸雨频率平均为12.7%，酸雨类型总体仍为硫酸型，酸雨污染主要分布在长江以南—云贵高原以东地区。[②]

水污染方面，2016年全国地表水1940个评价、考核、排名断面中，Ⅰ类、Ⅱ类、Ⅲ类、Ⅳ类、Ⅴ类和劣Ⅴ类水质断面分别占2.4%、37.5%、27.9%、16.8%、6.9%和8.6%。以地下水含水系统为单元，潜水为主的浅层地下水和承压水为主的中深层地下水为对象的

---

① 参见《全国今年平均雾霾天数达29.9天，创52年来之最》，《经济参考报》2013年12月30日。

② 参见《2016中国环境状况公报》。

6124个地下水水质监测点中,水质为优良级、良好级、较好级、较差级和极差级的监测点分别占10.1%、25.4%、4.4%、45.4%和14.7%。①

土壤污染方面,2015年,在调查的690家重污染企业用地及周边土壤点位中,超标点位占36.3%,主要涉及黑色金属、有色金属、皮革制品、造纸、石油煤炭、化工医药、化纤橡塑、矿物制品、金属制品、电力等行业。②

三 工业绿色发展困境原因分析

(一) 技术落后

1. 具体表现

我国制造业之所以没有摆脱粗放的发展模式,与我国技术水平不高存在着必然联系。近些年,我国科技创新能力不断增强,国内及国际专利申请量均位居世界前列。但值得注意的是,我国专利申请数量虽然众多,但是含金量却不高,在与制造过程密不可分的绿色工艺及节能环保技术装备等领域,严重缺乏核心技术。在一些领域,即使国内已发明出可替代产品,但由于质量、价格、可靠性或者运营成本等问题,很难与国外同类产品进行竞争。在我国制造业发展过程中,一般物的要素投入依旧过高,而知识、技术等投入却过低,即使付出较大的资源环境成本,产出却很难尽如人意。许多国产基础件产品使用寿命仅为国外同类产品的1/3—2/3;通用零部件产品寿命一般为国外同类产品寿命的30%—60%。③ 产品寿命较短无疑是一种资源浪费现象。又如,作为工业绿色发展重要支撑的节能环保产业虽然发展迅速,高效燃煤锅炉、高效电机、膜生物反应器、高压压滤机等装备技术水平国际领先,燃煤机组超低排放、煤炭清洁高效加工及利用、再制造等技术取得重大突破,拥有世界一流的除尘脱硫、生活污水处

---

① 参见《2016中国环境状况公报》。
② 参见《全国土壤污染状况调查公报》。
③ 参见《问诊机械工业:"三基"薄弱成最大短板》,《中国经济导报》2013年6月25日。

理、余热余压利用、绿色照明等装备供给能力。① 但与发达国家相比，创新能力依旧不足，缺乏基础性、开拓性、颠覆性技术创新，部分关键设备和核心零部件受制于人，垃圾渗滤液处理、高盐工业废水处理、能量系统优化高端技术装备供给能力明显不强。②

2. 原因分析

（1）基础研发投入不足

众所周知，在制造业产业链条中，关键及核心技术多集中于产业链上游，通常研发周期长、投入高、风险大。因此，很多企业不愿意从事产业链上游环节的基础研发工作，而更愿意将工作重点放在风险小、见效快的产业链中游和下游环节。例如，在电动汽车领域，企业很少愿意从事动力电池、先进变速器、智能控制等关键技术研发，而是倾向于国家政策支持较多的整车组装领域。尽管2015年我国已经成为全球新能源汽车第一大市场，但与发达国家相比，电动机车技术差距依旧较大。在国际上，企业研发投入平均占销售收入的2%—3%，一些国际巨头更是注重创新，研发投入远高于世界平均水平。2014年德国大众研发投入约117.4亿欧元，占销售额的6%；韩国三星电子研发投入约101.5亿欧元，占销售额的6.5%；微软研发投入82.5亿欧元，占销售额的13.1%。而我国研发投入进入全球排名前50的企业仅华为1家，投入35.9亿欧元，占销售额的25.6%。③ 我国大中型企业的研发投入不足销售额的1%，广大中小企业更是低于此水平。

（2）知识产权保护不完善

知识产权不仅具有财产权属性和人身属性，而且具有高附加值，好的知识产权可以为权利人带来丰厚的回报。由于我国知识产权法律制度不完善，企业违法成本较低，恶意侵权事件频发。2016年，专利行政执法办案总量48916件，同比增长36.5%。其中，专利纠纷案件首次突破2万件，达到20859件（其中专利侵权纠纷20351件），同

---

① 参见《"十三五"节能环保产业发展规划》。
② 同上。
③ 参见欧盟委员会《2014年全球企业研发投资排行榜》。

比增长42.8%；假冒专利案件28057件，同比增长32.1%。[①]

（3）科技成果转化率偏低

我国虽然科技人才数量、专利数量、科研论文数量等都位居全球前列，但是由于存在科研评价体系不健全、激励机制不足、法律保护滞后、产学研脱钩等诸多问题，科技成果转化率普遍较低，仅为10%左右，低于发达国家40%的平均水平，更低于美国80%的水平。[②]

（二）产业结构失衡

1. 具体表现

改革开放以来，我国资源密集型产业发展迅速，在制造业中占比越来越高，但结构性失衡问题也最为突出。钢铁、电解铝、平板玻璃、水泥、造船等传统产业已出现严重产能过剩，平均产能利用率不足80%，低于世界平均水平。近些年，我国把淘汰落后作为结构调整的重点领域。"十二五"期间，我国累计淘汰炼铁产能9089万吨、炼钢9486万吨、电解铝205万吨、水泥（熟料及粉磨能力）6.57亿吨、平板玻璃1.69亿重量箱，分别超额完成"十二五"目标的44%、51%、128%、40%和54%。[③] 但是传统产业结构失衡问题依旧存在。以钢铁行业为例，2012—2014年，产能利用率分别为72%、74.9%和72.2%。

除传统产业外，作为新兴产业的新能源装备制造业也已出现产能过剩迹象。2014年，我国超过德国，成为全球新能源与可再生能源利用第一大国，截至2014年年底，我国可再生能源装机达到4.3亿千瓦，占全部发电装机的32%，可再生能源发电量1.2万亿千瓦时，占全部发电量的22%。新能源产业快速发展，将有助于实现《中美气候变化联合声明》确定的中国到2030年非化石能源占一次能源消费比重达到20%左右的目标。但是，在新能源产业快速发展的同时，部分

[①] 《去年专利行政执法办案增36.5% 专利纠纷案件首次突破2万件》，http://www.ccpit.org/Contents/Channel_3586/2017/0124/751361/content_751361.htm。

[②] 参见《"艰难"的转化》，《中国经营报》2015年5月23日。

[③] 产业司许科敏：《加快产业政策创新转型 实现产业政策精准发力》，《中国电子报》2016年12月27日。

领域已经释放出产能过剩的信号。目前,光伏利用率不到60%,风机产能利用率不到70%。例如,2014年,全球晶硅电池及组件需求量约35GW,而国内晶硅电池及组件产能达40GW,仍超过全球需求量。①

在部分领域出现产能过剩问题的同时,一些领域却发展严重滞后。当前,航空航天、海洋工程、电力、新能源等领域依旧缺乏高端装备,严重制约着我国制造业转型升级。例如,航空装备制造领域的先进涡桨(轴)发动机、大涵道比涡扇发动机等技术尚未取得突破。②除高端装备制造业外,生产性服务业发展同样发展滞后,尚处于起步阶段,主要停留在批发零售、运输仓储等低端服务领域。

产业结构失衡,导致部分过剩产业盈利水平较低,不少企业面临破产风险,而一些亟须发展的产业,却迟迟发展不起来。其中,产能过剩问题不仅仅是产业发展问题,而且是生态环境问题,这些过剩的产品在其制造过程中带来了大量的资源能源和污染物排放。

2. 原因分析

(1)产业集中度较低

当前,我国产能过剩问题主要出现在发展方式相对粗放,而规模经济效益显著的产业。由于这些产业集中度较低,企业数量虽多,但规模小、布局分散、缺乏龙头企业,未形成有效的行业自律,自我调节能力不强,重复建设问题严重。2014年,我国粗钢产能约为11.4亿吨,钢企数量在500家左右。③其中,粗钢产量前10家企业产量占全国总产量的36.6%,同比下降2.8个百分点,④产能过剩问题继续发酵,汽车板、电工钢、机器人等高端产品也出现过剩迹象。

---

① 参见《2015年光伏行业现状分析》,http://www.chinabgao.com/freereport/65813.html。

② 参见《中国制造2025》。

③ 参见《工信部:钢铁企业三年内压缩至300家》,《北京商报》2015年4月3日。

④ 参见《2014年钢铁行业运行情况和2015年展望》,2015年10月,工业和信息化部(http://www.miit.gov.cn/n11293472/n11293832/n11293907/n11368223/16445215.html)。

（2）企业非理性判断

改革开放以来，我国城乡居民收入水平快速增长，消费能力越来越强，1978—2014年，城镇居民人均可支配收入从343元增长至28844元，[1] 增长约83倍。同期，进出口贸易总额由世界第32位，跃居世界第一。随着国内外市场需求的增大，一些企业过于乐观，盲目扩大投资，频频增加产能。当然，在一定的时期内，新增产能会被消化掉，但随着市场饱和期的到来，新增产能很有可能转化成过剩产能。

（3）同质化竞争严重

在现行地方官员政绩考核体系下，为促进本地经济发展，增加税收及就业，地方政府往往给重大招商引资项目"亮绿灯"，提供廉价供地、税收减免、低价配置资源等优惠政策，甚至降低产业准入门槛。由于缺乏统筹协调，区域间同质化竞争问题严重，同样的项目在不同的地区纷纷落地，短时间内产能急剧增加。例如，仅2011年，硅棒、硅片、电池片和组件的生产商数量即由807家激增至901家。[2]

（三）资源环境要素市场尚未形成

1. 具体表现

改革开放以来，依托廉价的自然资源和丰富的劳动力，我国制造业优势明显，规模迅速扩大，对我国经济发展起到重要的支撑作用。但从国际分工看，我国仍处于产业链和价值链的中低端。在经济增长贡献中，一般物的要素投入接近七成，知识、技术等只有三成左右，而发达经济体的比例刚好相反。[3]

一方面，在能源资源利用方面，我国的自然资源属于国家所有，即全民所有。[4] 当前，主要由地方政府代表国家行使权力，然而由于

---

[1] 参见《国家统计局2014年国民经济和社会发展统计公报》。

[2] 参见《2012年中国光伏公司破/停产数量超过300家》，2013年1月，北极星太阳能光伏网（http://guangfu.bjx.com.cn/news/20130109/412566.shtml）。

[3] 参见曾培炎《大陆经济总体处于产业链和价值链中低端》，2013年3月，新华网（http://finance.sina.com.cn/china/20130301/192714693524.shtml）。

[4] 参见《宪法》第9条。

管理体制尚未健全，严重束缚了自然资源的自由配置。① 以市场为导向的自然资源定价机制尚未形成，自然资源价格偏低，既没有如实反映出资源的稀缺性，也没有反映出其环境损害及生态修复成本。在短期利益的驱使下，企业很难有节约资源及改进生产设备的意识，导致自然资源浪费现象严重。

另一方面，在环境容量利用方面，生产过程中，企业在消耗能源和资源的同时，会向生态环境中排放污染物。企业在排污的过程中，势必会利用环境容量，排放水污染物利用的是水环境容量；排放大气污染物利用的是大气环境容量。但是由于环境容量具有鲜明的公共产品属性，导致民法中等价有偿原则在此失去了适用空间，排污者无须支付任何对价或者仅支付少量费用，便可以利用水、大气等生态系统。

2. 原因分析

(1) 资源的价格未体现生态属性

森林、矿产、水等自然资源属于生态系统的重要组成部分。各个生态系统都向我们源源不断地提供服务，它不仅向经济社会系统输入有用物质和能量、接受和转化来自经济社会系统的废弃物，而且直接向人类社会成员提供服务，比如清洁空气。根据联合国《千年生态系统评估报告》，生态系统功能服务是生态系统对地球生命支持系统起到重要的作用，是人们从生态系统中获得的效益。② 生态功能主要有四类：一是调解功能，对大气化学成分、气候、水文、土壤及生物多样性等的调节；二是承载功能，提供各种空间与适宜的载体；三是生产功能，提供水、氧气、基因以及各种生物与自然资源；四是信息功能，提供美学、历史、传统、文化、艺术以及科学与教育信息。③ 在特定的生态系统内，随着主要自然资源的减少，都会对其提供的生态

---

① 参见《加快自然资源及其产品价格改革及推进》，《中国环境报》2014年1月29日。

② 参见《千年生态系统评估报告》。

③ 张新时：《自然资产功能流与绿色税负》，载《生态补偿机制与政策设计（生态补偿国际研讨会论文集）》，中国环境科学出版社2006年版，第115页。

服务产生或多或少的影响。比如，大量森林被砍伐，在"碳汇"减少的同时，温室气体量会相对增加，气候变暖的趋势会加强。目前，在我国自然资源供给方面，其资源属性的价值体现得较多，但是其在整个生态系统内所具有的生态价值却无法在其销售价格中得以体现。

（2）生态环境利用的外部性难以内化

根据产品归属差异，社会产品可以分为公共产品和私人产品两大类。[①]与私人产品比较，公共产品将该产品的效用扩展于他人的成本为零，因而也无法排除他人共享。[②]萨缪尔森指出公共产品具有非竞争性和非排他性的特征。具体而言，非竞争性是指对于一个特定的产品而言，增加消费者数量，不会造成产品成本的增加；非排他性是指某一市场主体在消费特定产品时不能排除他人消费该产品。目前，由于相关监管措施缺失，生态环境利用的外部性问题突出。在生产活动中，作为理性经济人的生产者，仅会从自身角度去考虑成本和收益的选择，而将经济过程中源于负外部性的大于私人成本的那部分成本（环境成本）转嫁给他人、社会及未来。[③]由此导致，环境污染者和生态破坏者几乎在无偿地利用大自然，而治理污染及修复生态的责任却转嫁给政府。

（3）尚未形成绿色消费氛围

绿色发展虽然已经成为我国五大发展理念之一，但是我国尚未形成绿色消费氛围。目前我国经济发展已经进入新常态，下行压力增大，企业普遍经营困难。从产品全生命周期看，企业若优化生产工艺，购置先进的节能、节水、污染处理设施，或者开展绿色回收和再制造工作，其生产的产品会更加绿色，但也会增加额外开支。在市场上，当绿色消费尚未成为主流消费理念时，消费者关注的重点是产品价格，而非企业的

---

① 沈满洪、杨天：《生态补偿机制的三大理论基石》，《中国环境报》2004年3月2日。

② [美]保罗·萨缪尔森、威廉·诺德豪斯：《微观经济学》，萧琛译，华夏出版社1999年版，第29页。

③ 杨磊：《可持续发展战略下中国税制绿化研究》，博士学位论文，复旦大学，2000年。

环保投入，绿色产品很难获得竞争优势。基于商业利益考量，很多制造企业绿色转型意愿并不强。当然，此问题的出现与政府监管和正向激励不足也存在一定联系。国家工商总局数据显示，截至2015年年底，全国内、外资企业的数量为2185.82万户。面对数量庞大、行业多样、分布广泛的各类企业，环境监管力量明显不足，企业违规建设、违法排污、超标排污现象时有发生。比如，在2015年环境保护大检查活动中，共检查企业177万家，其中各类违法企业数量就高达19.1万家。由于监管不严，"违法成本低、守法成本高"的问题突出，不少企业从环境违法行为中获利，而守法企业即使付出额外成本也难以获得竞争优势，这种"劣币驱逐良币"现象带来的结果只能是生态环境的持续恶化。为激励节能环保行为，国家出台了绿色债券、绿色信贷以及税收减免等财税金融支持政策。但是由于这些激励措施的设计较为复杂，再者一些机构过于强调投资回报率及资金安全问题，广大的中小企业很难享受到政策红利。即使一些企业从中受益，也很难补偿其相关环保投入。由此导致大多数企业以满足法定最低标准为目标，不愿意去承担更多的社会责任，企业绿色转型步伐缓慢。

四 推动工业绿色发展的相关建议

（一）加强技术创新

实施绿色制造，需要关注产品全生命周期的环境影响，在产品设计、生产、流通、采购、回收利用等各个环节，都尽可能减少对环境产生的不利影响。其中，与生产工艺及节能环保装备相关的技术最为重要。在生产工艺研发方面，建议重点研发智能、高效的清洁生产技术工艺，使生产的产品具备无害化、轻量化、低能耗、低水耗、低材耗、易回收的特性；在节能环保技术研发方面，要重视其对制造业绿色转型的支撑作用，加强节能、节水、节材、污染处理、再制造等先进技术装备的研发和利用。上述工作的顺利开展，需要相应的保障机制。首先，加强对知识产权拥有者、权利人合法利益的保护以及对违法犯罪行为进行严厉打击，同时完善科技创新考评机制，充分调动科研工作者创新的内生动力，确保广大的科技工作者愿意参与绿色制造技术研发工作。其次，在通过企业并购等方式获取国外先进绿色制造技术的同时，更要重视自主创新问题，对于具有全局性影响、带动性强的关键共性技术，不能急功近利，一定要进行可持续的研发投入。

（二）优化工业布局

进行产业布局优化，可以减少工业发展对生态环境产生的影响。通过完善工业布局规划、改造提升现有工业园区、规范工业集约集聚发展、引导跨区域产业转移等工作，可以从工业发展的总体布局上减少相应的生态环境影响。一是要依据主体功能区规划的要求，按照区域资源环境承载能力，对产业发展进行分类指导，明确工业发展方向和开发强度，构建特色突出、错位发展、互补互进的工业发展新格局；要实施市场准入负面清单，明确禁止和限制发展的行业、生产工艺、产品目录；要严格控制石油加工、化学原料和化学制品制造、医药制造等项目的环境风险。二是严格工业园区项目环境准入；开展现有化工园区的清理整顿，对不符合规范要求的园区实施改造提升或依法退出；引导企业集约集聚发展。三是要推动城市建成区内污染较重的企业、有序搬迁改造或依法关闭；推动位于城镇人口密集区内，安全、卫生防护距离不能满足相关要求和不符合规划的危险化学品生产企业实施搬迁改造或依法关闭。四是加强产业跨区域转移监督、指导和协调，着力推进统一市场建设，实现不同区域间的良性互动；对于国家明令淘汰的落后生产能力和不符合国家产业政策的项目禁止跨区域转移；对于高污染和高风险项目的跨区域转移活动要进行严格监督，对承接项目的备案或核准，实施最严格的环保、能耗、水耗、安全、用地等标准。[1]

（三）调整产业结构

对产业结构进行调整，可以推动工业发展从中高速增长迈向产业价值链的中高端。为此，需要重点做好淘汰落后、化解过剩产能和发展新兴产业等方面的工作，以此促进新产业、新业态发展，降低不必

---

[1] 参见《工业绿色发展规划（2016—2020年）》，《国务院关于进一步加强　淘汰落后产能工作的通知》。

要的能源资源消耗和污染物排放，推动产业迈向中高端。在淘汰落后方面，通过严格执行环境保护、节约能源、清洁生产、安全生产、产品质量、职业健康等方面的法律法规和技术标准，对于落后的工艺和装备进行淘汰。[①] 在化解产能过剩方面，对于钢铁、电解铝等产能过剩问题突出的行业，按照"消化一批、转移一批、整合一批、淘汰一批"的原则，通过兼并重组、"走出去"等方式，进行逐步化解；对于光伏等已经存在过剩迹象的行业，也应进行必要引导，避免出现严重的低端同质化竞争问题。在传统产业改造方面，紧紧围绕钢铁、有色、化工、建材等能源资源消耗和污染物排放量大的重点行业，加强生产工艺优化及先进节能环保技术的推广应用工作，全面提升传统制造业的绿色化水平。在新兴产业发展方面，重点发展新材料、生物医药等技术含量高、附加值大、环境污染小的产业。特别要发展工业绿色转型急需的节能环保产业，降低先进节能、节水、污染治理等设施的销售价格及运行成本，提升其对传统产业发展的支撑作用。

（四）推动传统产业改造

在我国工业构成中，传统产业占比较高，传统产业绿色转型速度在一定程度上决定着我国工业绿色发展的步伐。因此，需要从清洁生产、能效及水效提升、资源综合利用等方面发力，推动传统产业进行绿色化改造，提升资源能源利用效率。一是推进清洁生产。要重点引导和支持企业开展清洁生产审核和清洁化改造工作，全面提升企业清洁生产水平。对于钢铁、水泥、石化、化工、有色金属冶炼、有色、磷肥、氮肥、农药、印染、造纸、制革、食品发酵等重点行业，加大清洁生产技术推行方案实施力度，从源头减少水污染。二是实施能效提升计划。积极推动煤炭清洁高效利用工作，以焦化、煤化工、工业锅炉、工业炉窑等领域为重点，提升技术装备水平、优化产品结构、加强产业融合，综合提升区域煤炭高效清洁利用水平，实现减煤、控煤、防治大气污染。三是加强资源综合利用。推动工业固体废物综合

---

① 参见《工业绿色发展规划（2016—2020年）》，《国务院关于进一步加强　淘汰落后产能工作的通知》。

利用，特别是磷石膏、冶炼渣、粉煤灰、酒糟等工业固体废物综合利用。加快再生资源高效利用和产业发展，严格废旧金属、废塑料、废轮胎等再生资源综合利用企业规范管理，搭建逆向物流体系信息平台。①

（五）强化引导规范

为加快绿色制造工程建设步伐，使更多的制造企业参与到节能环保工作中，需要加强必要的引导和规范。建议完善相关立法，通过征收绿色税收、生态补偿费等方式，将工业发展带来的生态环境外部不经济性进行内化，推动企业能源、资源消耗及污染物排放信息公开，对相关数据进行联网和实时监测。同时，加强执法力度，对于环境违法犯罪行为进行严厉处置，提高环境违法成本，扭转"逆淘汰"现象，使环境守法成为常态。当然，在惩治环境违法行为的同时，也要加大对环境守法行为，特别是对于严于法律法规要求环保行为的支持，通过财税激励措施，补偿这些企业为环境保护工作所付出的额外花费。同时，还要从需求侧发力，倡导绿色消费理念，不断完善与绿色采购、绿色消费等相关的激励性措施，逐步拓宽绿色产品的市场空间。

第三节 《中国制造 2025》与工业绿色发展

当前，绿色已经成为全球发展的主要潮流。特别是在应对气候变化的大背景下，各国更是加快了绿色发展步伐，推动实施了一系列新的战略及相关举措。

一 《中国制造 2025》背景下的工业绿色发展

为适应绿色发展的新趋势，党中央及国务院高度重视生态文明建设问题。党的十八大将生态文明建设提升到"五位一体"的战略高

---

① 参见《关于加强长江经济带工业绿色发展的指导意见》。

度，2016 年印发的《关于加快推进生态文明建设的意见》确立了生态文明建设的具体目标及任务，并首次提出将"绿色化"融入社会经济发展的全过程。党的十八届五中全会审议通过《中共中央关于制定国民经济和社会发展第十三个五年规划的建议》，强调牢固树立并切实贯彻创新、协调、绿色、开放、共享五大发展理念。由此，绿色发展成为指导我国经济发展的重要理念之一。2015 年 5 月，国家颁布实施的《中国制造 2025》贯彻了绿色发展及生态文明建设的相关要求，将工业绿色化作为我国由制造大国向制造强国转变的主攻方向。

绿色发展，就是要发展环境友好型产业，降低能耗和物耗，保护和修复生态环境，发展循环经济和低碳技术，使经济社会发展与自然相协调。① 绿色发展并非摒弃发展，而是要求经济在可持续的轨道上发展。因为，环境问题并非仅出现在我国，而是一个普遍存在的问题。发达国家在经济高速增长期也遇到过严重的环境问题，如美国洛杉矶光化学烟雾事件、德国鲁尔工业区大气污染事件、日本四日市哮喘病事件、英国伦敦烟雾事件等。经过多年治理，发达国家大多成功解决了环境问题，经验表明，与发展相伴而生的环境问题，完全可以在发展过程中予以解决。因此，发展仍是我国当前及今后一段时间的首要任务，绿色发展及生态文明建设并未否定发展，而是倡导转变发展模式，在环境容量允许的范围内排污，将不可再生资源及能源的消耗降至最低，并在发展中逐步解决环境问题，实现人与自然的和谐发展及生态环境可持续利用。②

经济发展及人类物质生活水平的提高离不开工业强有力的支撑。目前，我国已经成为名副其实的工业大国。但由于我国工业发展尚未摆脱高消耗、高污染、高排放的发展模式，其在推动经济增长的同时，也带来了严重的资源环境问题，资源能源消耗和污染物排放远高于世界先进水平，生态系统相当脆弱。只有破解现阶段面临的资源环境约束、加快传统工业绿色转型及新兴产业发展，才能尽早实现我国

---

① 高云虎：《全面推行绿色制造，加快建设生态文明》，《中国工业报》2015 年 7 月 6 日。

② 毛涛：《生态文明建设应避开三大误区》，《中国环境报》2015 年 8 月 28 日。

的制造强国梦。

  《中国制造2025》将绿色发展作为重要指导思想，要求坚持把可持续发展作为建设制造强国的重要着力点，加强节能环保技术、工艺、装备推广应用，全面推行清洁生产。发展循环经济，提高资源回收利用效率，构建绿色制造体系，走生态文明的发展道路。同时，指出我国工业发展面临资源能源利用效率低，环境污染问题较为突出[①]等瓶颈，提出将"全面推行绿色制造"作为主要任务之一，并将"实施绿色制造工程"作为五大工程之一。可以说，《中国制造2025》贯彻了绿色发展的相关要求，强调在工业发展的过程中要节约能源资源和减少污染物排放，在生态环境承载能力允许的范围内，实现工业的持续健康发展。为推动实施绿色制造工程，近些年，我国颁布的《绿色制造工程实施指南（2016—2020年）》《工业绿色发展规划（2016—2020年）》等配套措施，将工业绿色发展的目标、内容等进一步具体化。

二 工业绿色发展的相关目标

  《中国制造2025》将绿色发展作为推动制造业转型升级的一项重要指导思想。从总体发展目标来看，强调通过加大先进节能环保技术、工艺和装备的研发力度，加快制造业绿色改造升级；积极推行低碳化、循环化和集约化，提高制造业资源利用效率；强化产品全生命周期绿色管理等方式，努力构建高效、清洁、低碳、循环的绿色制造体系。[②] 与此同时，也提出了一些具体目标：与2015年相比，规模以上单位工业增加值能耗到2020年和2025年，分别下降18%和34%；单位工业增加值二氧化碳排放量到2020年和2025年，分别下降22%和40%；单位工业增加值用水量到2020年和2025年，分别下降23%和41%；2015年工业固体废物综合利用率为65%，到2020年和2025年分别达到73%和79%。[③]

---

① 参见《中国制造2025》。

② 同上。

③ 同上。

在推动全国工业绿色发展的同时,国家也非常重视重点区域工业绿色发展问题,围绕京津冀、长江经济带等重点区域,出台了相应的工业绿色发展政策。2017年6月30日,工业和信息化部联合国家发改委、科技部、财政部、环保部联合发布的《关于加强长江经济带工业绿色发展的指导意见》,对长江经济带工业绿色发展进行了全方位的规划。其中,明确了上海、江苏、浙江、安徽、江西、湖北、湖南、重庆、四川、贵州、云南11个长江经济带沿线省市工业绿色发展的目标。总体目标是:到2020年,长江经济带绿色制造水平明显提升,产业结构和布局更加合理,传统制造业能耗、水耗、污染物排放强度显著下降,清洁生产水平进一步提高,绿色制造体系初步建立。具体目标是,与2015年相比,到2020年,规模以上企业单位工业增加值能耗下降18%,重点行业主要污染物排放强度下降20%,单位工业增加值用水量下降25%,重点行业水循环利用率明显提升。全面完成长江经济带危险化学品重点搬迁改造项目。一批关键共性绿色制造技术实现产业化应用,打造和培育500家绿色示范工厂、50家绿色示范园区,推广5000种以上绿色产品,绿色制造产业产值达到5万亿元。

三 工业绿色发展的主要工作

结合《中国制造2025》《工业绿色发展规划(2016—2020年)》以及《绿色制造工程实施指南(2016—2020年)》等文件的相关要求,工业绿色发展的一项重要任务就是实施绿色制造工程,以落实工业绿色发展相关目标。《中国制造2025》以专栏方式,明确了绿色制造工程的主要工作和具体目标。相关工作有:一是组织实施传统制造业能效提升、清洁生产、节水治污、循环利用等专项技术改造。二是开展重大节能环保、资源综合利用、再制造、低碳技术产业化示范。三是实施重点区域、流域、行业清洁生产水平提升计划,扎实推进大气、水、土壤污染源头防治专项。四是制定绿色产品、绿色工厂、绿色园区、绿色企业标准体系,开展绿色评价。五是到2020年,建成千家绿色示范工厂和百家绿色示范园区,部分重化工行业能源资源消耗出现拐点。到 2025 年，制造业绿色发展和主要产品单耗达到世界先进水平，绿色制造体系基本建立。

四 工业绿色发展的主攻方向

(一) 主攻方向

作为《中国制造 2025》实施的一项重要配套性文件，《绿色制造工程实施指南（2016—2020 年）》指明了工业绿色发展的四个主攻方向。

1. 绿色产品

按照产品全生命周期绿色管理理念，遵循能源资源消耗最低化、生态环境影响最小化、可再生率最大化原则，大力开展绿色设计试点示范，优先以家用洗涤剂、可降解塑料、动力电池、绿色建材等为突破口，以点带面，开发推广绿色产品，积极推进绿色产品第三方评价和认证，建立各方协作机制，发布绿色产品目录，引导绿色生产，提升绿色产品国际化水平，推动国际合作。

2. 绿色工厂

按照用地集约化、生产洁净化、废物资源化、能源低碳化原则，结合行业特点，分类创建绿色工厂。优化制造流程，应用绿色低碳技术建设改造厂房，集约利用厂区。选用先进适用的清洁生产工艺技术和高效末端治理装备，减少生产过程中资源消耗和环境影响，营造良好职业卫生环境，实行清污分流、废水循环利用、固体废物资源化和无害化利用。采用先进节能技术与装备，建设厂区光伏电站、智能微电网和能管中心，优化工厂用能结构。推行资源能源环境数字化、智能化管控系统，实现资源能源及污染物动态监控和管理。

3. 绿色工业园区

选择一批基础条件好、代表性强的工业园区，推进绿色工业园区创建示范，深化国家低碳工业园区试点。以企业集聚、产业生态化链接和服务平台建设为重点，推行园区综合能源资源一体化解决方案，深化园区循环化改造，实现园区能源梯级利用、水资源循环利用、废物交换利用、土地节约集约利用，提升园区资源能源利用效率，优化空间布局，培育一批创新能力强、示范意义大的示范园区。到 2020 年，创建 100 家绿色工业园区。

4. 绿色供应链

以汽车、电子电器、通信、大型成套装备等行业龙头企业为依托，以绿色供应标准和生产者责任延伸制度为支撑，加快建立以资源节约、环境友好为导向的采购、生产、营销、回收及物流体系。积极应用物联网、大数据和云计算等信息技术，建立绿色供应链管理体系。完善采购、供应商、物流等绿色供应链规范，开展绿色供应链管理试点。

（二）重点领域

在推动绿色工业发展方面，绿色供应链具有特殊作用，其将全生命周期理念融入从产品设计到回收利用的全过程中，实现了产品从"摇篮"到"摇篮"的系统管理。因此，在工业绿色发展方面，除发挥政府监管的作用外，还应当充分发挥绿色供应链的作用，调动企业特别是大型企业参与环境保护工作的积极性，以企业管企业，弥补政府监管的不足。世界自然基金会研究表明，在全球 15 种大宗商品的交易中，生产商约 10 亿家，其中 300—500 家供应链企业大约控制着 70% 的市场。简言之，调动企业，特别是龙头制造企业、大型零售商及网络平台等参与绿色供应链管理工作的积极性，通过供应链传递激励效应，可以起到以点带面的作用，推动相关企业遵守国家环境法律法规，甚至督促企业高效节能减排。

1. 相关法律政策

截至目前，虽然我国尚未出台专门调整绿色供应链管理工作的法律或高位阶政策，但已有不少法律政策涉及此项工作。

（1）国家层面

2016 年，环境保护部发布的《关于积极发挥环境保护作用促进供给侧结构性改革的指导意见》将绿色供应链作为环境保护供给侧结构性改革的重要抓手，强调以绿色采购和绿色消费为重点，利用市场杠杆效应，带动产业链上下游采取节能环保措施。同年，工业和信息化部单独或联合相关部委颁布实施的《工业绿色发展规划（2016—2020

年）》《绿色制造工程实施指南（2016—2020年）》及《绿色制造标准体系建设指南》等文件，都将打造绿色供应链作为工业绿色发展的一项重点工作，明确围绕汽车、电子电器、通信、大型成套装备等行业龙头企业开展试点示范工作，旨在到2020年，在这些行业初步建立绿色供应链管理体系。此外，我国出台的《供应链风险管理指南》（GB/T 24420—2009）和《供应链管理业务参考模型》（GB/T25103—2010）等标准，也涉及绿色供应链管理工作。除上述宏观政策及标准外，一些法律政策的制定并非以推动绿色供应链管理为初衷，但是在其实施的过程中，调控到供应链某个环节上的具体活动，对于绿色供应链管理工作起着或多或少的推动和保障作用。在绿色供应链主要环节上，起到作用的法律政策主要如下：

一是绿色设计。相关研究表明，工业品80%的资源消耗及环境影响都取决于设计阶段。因此，绿色设计应是绿色供应链管理工作中的关键一环。目前《清洁生产促进法》第2条、第20条、第24条，《循环经济促进法》第19条，《电子信息产品污染控制管理办法》第3条、第9条、第25条，以及《关于开展工业产品生态设计的指导意见》等都对此做出了规定，要求在产品及包装物设计阶段，统筹考虑原料、设备、工艺、消费、回收及处理等环节的环境影响，优先选择无毒、无害、易于降解或者便于回收利用的方案，减轻产品全生命周期对环境的不利影响。

二是绿色生产。通过加强环境管理，改进技术工艺和处理设施，可以减少产品生产过程中的用材、用水、用能及污染物排放，使产品更加绿色。《环境保护法》《清洁生产促进法》《大气污染防治法》《水污染防治法》和《节约能源法》等环境保护类法律政策，都有涉及企业能源资源消耗及污染物排放的规定，尤其是提出了一些强制性要求和相关标准，据此可以作为判断上游生产企业是否绿色的重要依据。

三是绿色采购。绿色采购是绿色供应链管理中最为关键的一环，采购产品的环保与否在很大程度上决定着供应链的绿色化程度。目前《环境保护法》第22条、第36条，《清洁生产促进法》第16条，

《循环经济促进法》第8条、第41条，《固体废物污染环境防治法》第7条，《大气污染防治法》第50条，《节约能源法》第51条、第64条、第81条，《政府采购法实施条例》第6条，以及《节能产品政府采购实施意见》《企业绿色采购指南（试行）》和《政府机关及公共机构购买新能源汽车实施方案》等都对此做出了规定，主要调控两类主体的采购行为：对于政府及国有企事业单位，主要要求其优先采购具有节能、节水、节材、废物再生利用等特性的绿色产品；对于其他市场主体，主要通过相应财税金融手段引导，鼓励其进行绿色采购。

四是绿色物流。在供应链上，物流环节起着不可或缺的作用，但也带来了大量的能源消耗和污染物排放。《节约能源法》第42条、第44条，《物流业发展中长期规划（2014—2020年）》《交通运输节能环保"十三五"发展规划》《加快推进绿色循环低碳交通运输发展指导意见》《包装行业高新技术研发资金管理办法》等都对绿色物流提出了要求，比如强调各种交通运输工具之间的协调和衔接、主张建设智能交通、推荐使用节能减排型运输工具和仓储设施、呼吁避免过度包装。

五是绿色回收及再利用。在残次品、废旧品或者零部件回收后，进行整体或部分再利用，不仅可以延长产品生命周期，而且有助于节约资源能源和减少污染物排放。《循环经济促进法》第15条、第32条、第37条、第39条，《固体废物污染环境防治法》第3条，《电子废物污染环境防治管理办法》第14条，以及《废弃电器电子产品回收处理管理条例》《报废汽车回收管理办法》等对此进行了规定。

（2）地方层面

除了国家层面的法律政策外，一些地方政府也开展了有益探索，出台了一些地方性的法律政策，积极引导企业参与绿色供应链管理工作。

天津市是我国最早开展绿色供应链管理试点工作的城市，不仅出台了《绿色供应链管理试点实施方案》《绿色供应链管理工作导则》《绿色供应链管理暂行办法》《绿色供应链产品政府采购管理办法》

《绿色供应链产品政府采购目录》等政策，而且配套出台了《绿色供应链管理体系要求》（DB12/T 632—2016）、《绿色供应链管理体系实施指南》（DB12/T 662—2016）等标准，充分发挥政策规范和标准的引领作用，率先在钢铁和建筑等基础较好的领域开展绿色供应链管理试点工作。

东莞作为重要的制造业基地，在绿色供应链管理方面开展了大量工作。2015年，东莞成为环境保护部首家绿色供应链试点城市。2016年8月，颁布实施的《东莞市绿色供应链环境管理试点工作方案》，提出围绕家具、制鞋、电子和机械四大行业以及零售服务业开展试点工作。

此外，上海市、深圳市等地在绿色供应链管理方面也或多或少地颁布了相关政策。

2. 相关法律政策的作用

在绿色供应链管理工作中，相关法律所起到的作用主要是引导和规范，通过政府和企业两类主体发挥作用。

从政府层面讲，政府主要依据法律政策授权，通过财政、价格、税收、政府采购等手段，调动上下游企业参与绿色供应链管理工作的积极性，比如《环境保护法》第3、6条第2款规定："国家机关和使用财政资金的其他组织应当优先采购和使用节能、节水、节材等有利于保护环境的产品、设备和设施。"与此同时，相关法律政策赋予了政府相应的监管职责，对供应链上下游企业环境影响行为进行监督：当出现超标排污、治污设备不正常运行等环境违法行为时，对相关企业进行处罚；当企业的环境保护工作取得成效时，给予企业相应的支持和奖励。

从企业层面来讲，不少法律政策都对企业生产及相关活动的用能、用水、用材及污染物排放标准等提出要求，并要求企业公开环境信息，这将有助于上下游企业参考，尤其是作为绿色采购的重要依据。此外，法律政策可以起到激励供应链上相关企业从事环保工作的作用，只要企业节能减排和改善环境，就可以获得相应的财税政策支持。反之，若出现环境违法行为，企业将会受到罚款、行政处罚，甚至刑事处罚。

在相关法律政策的引导和规范下,不少企业已经自发开展了绿色供应链管理工作。当然,企业开展此项工作的初衷会有所不同。其中,一些企业是为了维持正常的生产经营活动,尤其是采购来源单一型企业,如果上游企业出现环境违法行为,相关货源供不上来,这些企业很可能因为关键零部件短缺而无法正常生产。故这类企业在进行供应链管理时,会督促相关企业合规经营,降低上游企业源自环境违法而无法及时足量供货的风险。但存在的问题是,这类企业对上游企业所提的环境保护要求往往较低,只要上游供应商合规经营即可,其主要作用是督促上游企业遵守环境保护相关法律政策。而另一些企业则是切实延伸企业责任,不仅对本企业的生产活动提出了严格节能环保要求,而且也督促供应商去履行更为严格的环境保护责任。这类企业会将上游企业遵守环保法律政策作为最低要求,而且会在此之上提出更高的节能、节水、节材及污染物减排指标,只有满足要求的企业,才能进入采购名录。随着激励效应一级级向上传递,可以带动相关企业参与节能环保工作。

当然,企业开展此项工作的初衷不尽相同,但是效果都是一样的,至少推动了供应链相关企业合法合规经营,甚至高效节能减排。比如,华为于2012年实施了供应商节能减排项目试点计划,截至2015年已有24家供应商参与其中,并取得了明显减排效果。其中,2014年20家参与该项目的供应商,全年时间减排二氧化碳约5.4万吨。

3. 相关法律政策存在的不足

(1) 过于分散

从开展绿色供应链管理工作的情况看,不少国外大型跨国公司在华机构及中外合资企业已经开展了多年相关实践,规章制度相对完善、运作机制较为成熟,其主要原因是企业总部对此提出了要求,当然也有一些企业自发开展了此项工作。相比较,开展绿色供应链管理工作的内资企业数量较少,即使已经开展,也多是处于起步和探索阶段。为调动更多企业参与此项工作的积极性,很有必要进行法律政策引导和规范。正如前文提到的，目前出台的不少法律政策都有涉及绿色供应链管理工作的相关规定。但存在的问题是，这些规定散见于环保类、物流类、采购类、回收利用类等法律政策中，多是对供应链某个环节进行调整，相关规定不成体系。由于目前绿色供应链管理工作对于大多数中国企业来讲，还比较陌生，而过于分散的法律政策很难引导广大企业参与此项工作。

(2) 关键制度缺失

在整个供应链体系中，下游企业的环境管理效应会沿着供应链向上传递，若上游企业违反法律规定或者合同约定的环保义务，只要下游企业管理好采购环节，便可以与环境行政管理一样，起到督促企业纠正环境违法违规行为的效果。比较而言，对于供应链下游环节的管理相对较难，尤其是处于供应链末端的回收利用环节。目前《循环经济促进法》《废弃电器电子产品回收处理管理条例》《报废汽车回收管理办法》等对于推动回收利用工作的开展起到了促进作用。但是回收利用产业在我国尚属发展初期，尤其是电子电器回收利用产业的基础更是薄弱，在缺少配套性标准及相关支持措施的情况下，很难将绿色供应链打造成为一个闭环，进而实现资源的再利用。

(3) 配套制度不健全

开展绿色供应链管理工作，下游企业需要了解上游企业的用能、用水、用材及排污排放情况，这都有赖于上游企业的环境信息公开。目前《环境保护法》《环境信息公开办法（试行）》《企业事业单位环境信息公开办法》《关于加强企业环境信用体系建设的指导意见》《中国上市公司环境责任信息披露评价报告》等都对信息公开问题做出了规定，基本做到有法可依、有章可循，但是相关法律政策多是提要求，却缺少必要的程序性规定及惩罚性措施，致使环境信息公开的效果不佳。目前，除了上市公司必须公开其环境信息外，其他一些企业主要是自愿公开。从某种意义上讲，绿色供应链管理和环境信息公开是相辅相成的，绿色供应链管理实践在一定程度上推动了企业环境信息公开，而要开展大范围的绿色供应链管理工作又有赖于广泛和真实的企业环境信息公开。在当前绿色供应链管理实践中，基于采购需求，上游供货商会向下游采购商公开相关环境信息。但问题是，这类环境信息的获取范围有限，只有这些与供货商有紧密合作关系，而且已经开展绿色供应链管理工作的下游企业才可以得到相关信息。由此导致，大多数未开展此项工作的采购商很难了解上游企业的环境信息。此外，即使一些环境信息已经向部分开展绿色供应链管理的企业公开，但广大社会公众很难接触此类信息，在缺少必要社会监督的情况下，其真实性可能会存在问题。

（4）正向激励不足

绿色发展虽然已经成为我国五大发展理念之一，但是我国尚未形成绿色消费氛围，主要表现为，我国资源环境要素市场化机制尚未形成，资源利用、能源消耗及污染排放的外部性难以内化，"搭便车"现象普遍存在，粗放式发展往往投入小、见效快，而绿色发展则投入高、减效慢。尤其在经济发展进入新常态后，企业特别是制造企业普遍经营困难，企业绿色转型意愿不强。开展绿色供应链管理工作，大多会增加上游企业的节能环保投入，产品或者零部件虽然会绿化，但是生产成本往往也会增加。当前，大多消费者关注的是产品价格，而非其绿色投入，当这类产品进入市场时，价格较高的绿色产品市场空间有限。为此，国家也出台了一系列财税金融支持政策，比如绿色采购、税收减免等，在一定程度上补偿企业额外的环保投入。但是，这些正向激励多是杯水车薪，环保型企业及绿色产品的竞争劣势尚未扭转。

4. 相关法律政策完善建议

（1）完善法律政策体系

供应链是一个系统工程，涵盖设计、生产、采购、销售、物流、消费、贸易、回收再利用等多个环节，以及设计商、供应商、生产商、分销商、运输商、消费者、回收商等多方主体。因此，绿色供应链管理并不是供应链某个环节的单一管理，而是全供应链管理，任何一个环节的管理效果都会对全局产生影响，需要平衡好整体与局部以及各环节之间的关系。建议出台一部专门调整绿色供应链管理工作的综合性立法或者高位阶政策，对相关政府部门职责、参与此项工作企业的权利及义务、标准制定、保障机制及处罚措施等进行系统规定，统领绿色供应链管理工作。对于其他相关规定，建议据此进行必要的修订和完善，与综合性法律政策相配套，同时积极发挥标准引领作用，逐步形成综合性法律政策和单行法律政策相结合，配套标准较为完善的体系。在环境保护类法律实施的过程中，标准起着重要保障作用。然而，绿色供应链究竟是上下游企业都要达到法律规定的环保要求，还是都要高出法律要求呢？关于此问题的理解，还存在着广泛争议。为此，需要尽快出台一部标准，统一绿色供应链管理工作的评价指标。绿色供应链管理作为政府环境管理的重要补充，其一大特点是通过市场杠杆效应，带动产业链上下游采取节能环保措施。现阶段，我国企业超过法定标准使用能源资源和排放污染物的现象还比较普遍，立足社会现实，绿色供应链管理标准体系建设可以采取"分阶段、分层次、逐步推进"的思路。现阶段，建议以现有法律要求为据制定标准体系，上下游企业若都符合法律规定，这类企业应属于绿色供应链管理企业；对于高于法律规定节能减排指标的企业，可以纳入绿色供应链管理标杆企业。随着社会中环境违法现象的减少和绿色供应链管理实践的成熟，应提高相关评价标准，只有高于法律规定环保要求的企业，才可以认定为绿色供应链管理企业。

（2）补齐制度"短板"

在供应链管理各环节中，任何一个"短板"的存在，都会影响到整体实施效果。因此，有必要补齐各个"短板"，尤其要做好回收利用工作，推动绿色供应链形成一个闭环，提升整个供应链绿色化水平。立足回收利用产业发展实际，建议尽快完善相关法律政策和标准体系，调动企业参加回收利用工作的积极性，推动产业做大做强和规范运营。一方面，引导企业由"产品—废弃"的单向线型模式转变为"产品—再制造"的闭合循环模式，以旧件为原料进行再制造，通过延长产品生命周期，减少不必要的资源能源消耗和污染物排放。另一方面，推动逆向物流体系建设，确保包装品、零部件、物料废旧产品能大规模、廉价地从消费端返回到生产企业，为绿色再制造提供坚实的基础。

(3) 加强环境信息公开

建议扩大环境信息公开的范围,为绿色供应链管理提供必要支撑。关于公开主体,除上市公司之外,重点排污单位和企业也应纳入强制环境信息公开范畴,并逐步扩大此范围,最终实现全覆盖。关于公开内容,企业的环境保护规章制度,污染物排放、能耗、物耗、水耗、废物处理及回收利用情况等信息都应公开,以便下游企业对上游企业环境保护情况进行全面评价,同时还要使环境信息公开成为一种常态,所有市场主体都可以看到,而非仅是目前少数已开展绿色供应链管理工作企业才可以获取。当然,环境信息公开仅是前提,更需要发挥政府监管和公众参与的作用,确保信息的真实可靠。在此过程中,有必要建立企业环境信息在线监测系统,并接入区域性或全国性网络,接受政府监管和公众监督,对于未公开环境信息或者进行数据造假的企业进行重罚。

(4) 用好财政金融手段

一方面,发挥财税金融政策的正向激励作用,对处于绿色供应链条上的设计、生产、物流、回收利用等企业,给予绿色信贷、绿色债券、税收减免等经济激励,补偿其额外的环保投入,降低企业运营成本,进而调动更多的企业参与。在供应链各环节中,采购最为关键,有必要出台一部专门调整绿色采购行为的法律或政策,对于政府采购要着重提要求和规范采购程序,而对于其他类型主体的采购着重进行引导和提供相关支持,发挥绿色采购在推动绿色产业发展方面的重要作用。另一方面,在对环保企业进行正向激励的同时,也要加大对环境违法企业的处罚力度,提高环境违法成本,彻底扭转"违法成本低、守法成本高"的局面,为绿色产品生产及销售营造良好的社会氛围。

(三) 相关工作

为推动绿色制造工程实施,工业和信息化部开展了绿色制造系统集成项目、绿色制造体系建设示范项目等相关工作。

1. 绿色制造系统集成项目

为推动实施绿色制造工程,工业和信息化部与财政部启动了绿色制造系统集成工作，重点在机械、电子、化工、食品、纺织、家电、大型成套装备等行业，围绕绿色设计平台建设、绿色关键工艺突破、绿色供应链系统构建三个方向，由行业领军型企业作为牵头单位，以组建联合体的方式，与重点企业、上下游企业、中介机构以及研究院所等组成联合体，承担绿色制造系统集成任务。在推动工业绿色转型方面，该项目的重要创新在于由龙头企业牵头，通过整合产业链上下游核心企业，以项目实施带动全产业链绿色化水平提升。

打造绿色设计平台的初衷是生产绿色产品，强调以绿色设计为核心，应用生命周期评价方法，通过在产品设计开发、原料选择、生产工艺验证、包装优化、回收利用等多个环节的实践，构建产品全生命周期管理的绿色设计平台，实现产品绿色设计升级拉动绿色研发设计和绿色制造一体化提升，提高绿色精益生产能力和产品国际竞争力。[1]

绿色关键工艺突破作为推动传统工业转型升级，以及助推新兴产业跨越发展的必要支撑，对于工业绿色发展至关重要。该方向聚焦高技术含量、高可靠性要求、高附加值特性或服务支撑多行业、多领域的绿色关键工艺技术或核心共性装备、材料等，鼓励企业开展绿色制造关键工艺技术装备的创新突破、集成应用和体系化推广。[2]

绿色供应链系统构建。该方向强调由行业龙头企业作为牵头单位，与供应商、物流商、销售商、终端用户等组建联合体，突出牵头企业对产业链上下游的影响力，确定和实施企业绿色供应链管理战略，围绕采购、生产、销售、物流、使用、回收处理等重点环节，开展相关管理工作。重点实施绿色供应商管理，将环境保护、资源能源利用效率纳入采购要求，建立健全供应商认证、选择、审核、绩效管理与退出机制。同时，要求建设绿色回收体系，采用产品回收电子标签、物联网等技术手段，建立可核查、可溯源的绿色回收体系，搭建回收、处理与再利用信息发布平台，实现废旧产品在生产企业、消费者、回收企业、拆解企业之间的有效流通。[3]

---

[1] 参见《2017年工业转型升级（中国制造2025）资金工作指南》。

[2] 同上。

[3] 同上。

2. 绿色制造体系建设示范

为加快推动绿色制造体系建设，率先打造一批绿色制造先进典型，发挥示范带动作用，引领相关领域工业绿色转型，2017年3月工业和信息化部启动了绿色制造体系建设示范项目，主要遴选在相关地区成绩突出且具有代表性的绿色设计产品名录及绿色工厂、园区、供应链管理企业。（1）绿色工厂。主要在钢铁、有色金属、化工、建材、机械、汽车、电子信息等行业中进行遴选。（2）绿色设计产品。主要围绕纳入以下产品遴选：一是生态设计产品评价规范系列国家标准（GB/T32163）中的家用洗涤剂、可降解塑料、杀虫剂、无机轻质板材4类产品；二是由全国工业绿色产品推进联盟发布的绿色设计产品评价技术规范系列团体标准中的房间空气调节器、电动洗衣机、家用电冰箱、吸油烟机、家用电磁灶、电饭锅、储水式电热水器、空气净化器、卫生陶瓷、纯净水处理器、木塑型材、砌块、陶瓷砖13类产品，共计17类产品。（3）绿色园区。主要遴选以产品制造和能源供给为主要功能、工业增加值占比超过50%、具有法定边界和范围、具备统一管理机构的省级以上工业园区。（4）绿色供应链。主要从汽车、电子电器、通信及大型成套装备机械等行业中，遴选代表性强、影响力大、经营实力雄厚、绿色供应链管理基础好的核心制造企业。

第四节　工业绿色发展与绿色税收

在推动工业绿色转型方面，我国已经出台了一系列措施，起着积极促进作用。值得注意的是，推动工业绿色发展是一项系统性工作，单靠某一个或某一些措施还远远不够，需要构建多元化的管理体系。通过征收绿色税收，可以和相关措施形成配合，全方位推动工业绿色转型。

一　推动工业绿色发展的相关措施

在工业生产活动中，根据作用力的来源及影响范围，可以分为行政管制、社会管制和经济管制三类措施。

(一) 行政管制

1. 绿色标准

标准化工作在推动工业绿色发展方面起着重要引领作用。2016年9月，工业和信息化部与国家标准化管理委员会共同编制了《绿色制造标准体系建设指南》，提出开展绿色制造标准体系建设，并组织实施工业节能与绿色标准化行动计划。现阶段，对工业生产活动进行规范的绿色标准主要有以下几种。

环境质量标准。是为了将大气、水等污染物排放的数量及浓度控制在生态系统免受干扰的水平上，而确定的相关生态系统承载污染物的最高限额。此项标准制定的初衷在于确保生态系统、生物多样性、人类安全等对于环境的适应程度，它在"整个环境标准中处于核心地位"[1]，是制定其他相关标准的依据，如《地表水环境质量标准》(GB 3838—2002)、《环境空气质量标准》(GB 3095—2012)。

污染物排放标准。是为了满足大气环境质量标准，并结合各国的经济技术条件和全球的气候变化趋势，对排入大气中的各种污染物的浓度或数量进行的控制。随着环境保护工作的趋严，此类标准的要求越来越高。对于不同的行业，会依据技术水平差异性，提出相应的排放标准。如在大气污染物排放领域，有《石油化学工业污染物排放标准》(GB 31571—2015)、《石油炼制工业污染物排放标准》(GB 31570—2015)、《再生铜、铝、铅、锌工业污染物排放标准》(GB 31574—2015)、《锅炉大气污染物排放标准》(GB 13271—2014)、《锡、锑、汞工业污染物排放标准》(GB 30770—2014)和《水泥工业大气污染物排放标准》(GB 4915—2013)等一系列标准。

污染物监测方法标准。是为了监测污染物的数量和浓度，规范采样、分析测试、数据处理等技术而制定的技术规范。[2] 在大气污染防治领域，有《固定污染源废气砷的测定二乙基二硫代氨基甲酸银分光

---

[1] 汪劲：《环境法学》，北京大学出版社2007年版，第203页。

[2] 同上书，第205页。

光度法》（HJ 540—2016）、《环境空气和废气酰胺类化合物的测定液相色谱法》（HJ 801—2016）、《固定污染源废气　氯化氢的测定　硝酸银容量法》（HJ 548—2016）、《固定污染源废气硫酸雾的测定离子色谱法》（HJ 544—2016）等标准；在水污染防治领域，有《水质二氧化氯和亚氯酸盐的测定　连续滴定碘量法》（HJ 551—2016）、《水质乙腈的测定直接进样/气相色谱法》（HJ 789—2016）、《水质乙腈的测定吹扫捕集/气相色谱法》（HJ 788—2016）、《水质 32 种元素的测定缩进　电感耦合等离子体发射光谱法》（HJ 776—2015）。

能效标准。是根据一定时期内的全球气候变化趋势和一国的经济技术水平，而对工业设备、交通运输工具、电子信息通信产品、农用设备和建材[①]等能源消耗产品能源利用效率或消耗水平进行的规定。为配合《节约能源法》实施，国家标准化管理委员会 2008 年发布 46 项配套国家标准，包括 22 项高耗能产品单位产品能耗限额标准、5 项交通工具燃料经济性标准、11 项终端用能产品能源效率标准、8 项能源计量、能耗计算、经济运行等节能基础标准。其中新制定国家标准 37 项，修订国家标准 9 项，强制性国家标准 36 项。[②]

2. 环境影响评价

环境影响评价是指对规划和建设项目实施后可能造成的环境影响进行分析、预测和评估，提出预防或者减轻不良环境影响的对策和措施，进行跟踪监测的方法与制度。[③]该制度贯彻了风险预防原则的相关要求，广泛用于减少工业专项规划及建设项目所产生的环境不利影响。一方面，与工业有关的专项规划。国务院有关部门、设区的市级以上地方人民政府及其有关部门所编制的与工业有关的专项规划，应当在该专项规划草案上报审批前，组织进行环境影响评价，并向审批

[①] 朱培武：《当前中国能效标准及标识实施现状研究经济发展方式转变与自主创新》，载《第十二届中国科学技术协会年会论文集》（第一卷），第 2 页。

[②] 参见《46 项〈节能法〉配套国家标准于 6 月 1 日起陆续实施》，2008 年 4 月，中国政府网（http://www.gov.cn/jrzg/2008-04/18/content_ 948702.htm）

[③] 参见《环境影响评价法》第 2 条。

该专项规划的机关提出环境影响报告书。[①] 该报告书中应包括实施该规划对环境可能造成影响的分析、预测和评估、预防或者减轻不良环境影响的对策和措施、环境影响评价的结论等内容。[②] 另一方面，与工业发展相关的建设项目。根据工业建设项目对环境影响程度的差异，采取了分类管理办法，即可能造成重大环境影响的，应当编制环境影响报告书，对产生的环境影响进行全面评价；可能造成轻度环境影响的，应当编制环境影响报告表，对产生的环境影响进行分析或者专项评价；对环境影响很小、不需要进行环境影响评价的，应当填报环境影响登记表。[③] 建设项目的环境影响报告书主要包括以下内容：建设项目概况；建设项目周围环境现状；建设项目对环境可能造成影响的分析、预测和评估；建设项目环境保护措施及其技术、经济论证；建设项目对环境影响的经济损益分析；对建设项目实施环境监测的建议；环境影响评价的结论。[④] 开展环境影响评价工作，需要委托专业机构。因此，环评机构选择显得尤为重要。在环评市场秩序维护方面，国家做了大量工作。一是推动环评机构与环保系统脱钩。2015年3月以来，全国环保系统全力推动环评机构脱钩工作，截至2016年12月底，358家环评机构分三批全部完成脱钩，其中179家通过取消或者注销资质形式完成脱钩，179家通过原环评机构职工自然人出资设立环评公司或整体划转至国有资产管理部门等形式完成脱钩。[⑤] 脱钩工作完成后，从体制上彻底解决了环评技术服务市场"红顶中介"问题，防止产生利益冲突和不当利益输送；从机制上推进了环评资质管理方式的转变，有助于建立更加有序健康的环评技术服务市场。[⑥] 二是整顿环评市场。2015年以来，各级环保部门对362起环评

[①] 参见《环境影响评价法》第8条。

[②] 参见《环境影响评价法》第10条。

[③] 参见《环境影响评价法》第16条。

[④] 参见《环境影响评价法》第17条。

[⑤] 参见《全国环保系统环评机构按期全部完成脱钩》，2017年1月，中国政府网（http://www.gov.cn/xinwen/2017-01/07/content_ 5157638.htm）。

[⑥] 同上。

机构违法违规行为进行了处理处罚，其中问题严重的14家机构被撤销、吊销环评资质。①

3. "三同时"制度

"三同时"制度是指一切新建、改建和扩建的基本建设项目（包括小型建设项目）、技术改造项目以及一切可能对环境造成污染和破坏的工程建设和自然开发项目，都必须严格执行防治污染和生态破坏的措施与主体工程同时设计、同时施工、同时投产。②同时，这些防治污染的设施应当符合经批准的环境影响评价文件的要求，不得擅自拆除或者闲置。③"三同时"制度是我国环境保护工作的一项创新，其与环境影响评价相辅相成，强调建设与保护的配套及同步，旨在将相关项目的环境影响降至最低。

4. 许可证

许可证是指有关环境资源主管部门依据环境法及相关法律规定，对提出申请的单位和个人颁发许可证、资格证书或者执照等文件，允许其从事某项对生态环境有不良影响活动的法律制度。④许可证是行政许可的法律化，把企业事业单位和其他生产经营者污染物排放行为纳入了国家统一管理的轨道，便于国家掌握排污情况，并进行有针对性的环境管理。在工业领域，排放工业废气或排放国家规定的有毒有害大气污染物、直接或间接向水体排放工业废水、运营集中供热设施，以及进行工业污水集中处理、垃圾集中处理处置、危险废物处理处置等业务的单位应申领排污许可证。⑤许可事项包括允许排污单位排放污染物的种类、浓度和总量，规定其排放方式、排放时间、排放去向，并载明对排污单位的环境管理要求。⑥按照法律规定，排污单

---

① 参见《全国环保系统环评机构按期全部完成脱钩》，2017年1月，中国政府网（http://www.gov.cn/xinwen/2017-01/07/content_5157638.htm）。
② 曹明德：《环境与资源保护法》，中国人民大学出版社2008年版，第70页。
③ 参见《环境保护法》第41条。
④ 曹明德、黄锡生：《环境资源法》，中信出版社2004年版，第52页。
⑤ 参见《排污许可证管理暂行办法》第4条。
⑥ 参见《排污许可证管理暂行办法》第5条。

位应当取得排污许可证,并按要求排放污染物;① 应当取得排污许可证而未取得的,以及超出许可证范围的排污为违法排污。

5. 环境信息公开

环境信息包括政府环境信息和企业环境信息两种类型。政府环境信息,是指环保部门在履行环境保护职责中制作或者获取的,以一定形式记录、保存的信息;企业环境信息,是指企业以一定形式记录、保存与企业经营活动产生的环境影响和企业环境行为有关的信息。《环境保护法》《环境信息公开办法(试行)》《企业事业单位环境信息公开办法》《关于加强企业环境信用体系建设的指导意见》《中国上市公司环境责任信息披露评价报告》等都对企业环境信息公开问题做出了规定,做到有法可依、有章可循。② 就工业企业而言,目前依法需要公开环境信息的主要是重点排放企业及上市公司,其应公开的内容是主要污染物的名称、排放方式、排放浓度和总量、超标排放情况。③ 除了上述强制性的环境信息公开外,我国还鼓励企业公开以下环境信息:企业环境保护方针、年度环境保护目标及成效;企业年度资源消耗总量;企业环保投资和环境技术开发情况;企业环保设施的建设和运行情况;企业在生产过程中产生的废物的处理、处置情况,废弃产品的回收、综合利用情况;与环保部门签订的改善环境行为的自愿协议;企业履行社会责任的情况;企业自愿公开的其他环境信息。推动企业公开环境信息,有助于维护公民、法人和其他组织获取环境信息的权益,加强政府及社会对其排污企业的监督。

6. 淘汰落后

对落后的工艺、设备和产品进行淘汰,其目的是通过改进技术,提高能源资源使用效率和减少污染物排放。现阶段,国家主要淘汰两类技术和装备:一是严重污染环境的技术和装备。《环境保护法》第 46 条明确规定:"国家对严重污染环境的工艺、设备和产品实行淘汰制度。任何单位和个人不得生产、销售或者转移、使用严重污

---

① 参见《环境保护法》第 45 条、《排污许可证管理暂行办法》第 5 条。

② 参见《环境信息公开办法(试行)》第 2 条。

③ 参见《环境保护法》第 55 条。

染环境的工艺、设备和产品。"二是高耗能技术装备。《节约能源法》明确规定：国家对落后的耗能过高的用能产品、设备和生产工艺实行淘汰制度；禁止生产、进口、销售国家明令淘汰或者不符合强制性能源效率标准的用能产品、设备；禁止使用国家明令淘汰的用能设备、生产工艺。[①] 依据上位法规定，一般通过名录及实施办法，明确淘汰技术装备的名单及操作规则，如工业和信息化部出台的《高耗能落后机电设备（产品）淘汰目录》和《高耗能老旧电信设备淘汰目录》。

(二) 社会管制

社会管制主要依靠企业和个人自愿性参与，以实现节能减排目标。在推动绿色发展方面，除了运用行政管制和经济管制措施外，国外还广泛运用节能自愿协议、自愿性伙伴计划、自愿性承诺等方式。

1. 自愿协议

近年来，中国政府和企业也尝试通过自愿协议等方式推动自身和社会节能减排。其中，节能自愿协议的应用最为广泛。2001年，中国节能协会在原国家经贸委和国际组织的支持下，开展了国内首个节能自愿协议试点工作。2003年，山东省政府与济南钢铁集团、莱芜钢铁集团开展节能自愿协议试点获得成功后，节能自愿协议在上海、福建、南京、宁波、扬州等省市得到广泛推行和应用。2010年江西在全省工业企业中开展节能自愿协议试点，以进一步推进工业企业节能降耗，减少温室气体排放。2009年，工业和信息化部与中国移动通信集团公司签署节能自愿协议，成为国家部委与企业签订的第一份有关节能减排的自愿协议。2010年，工业和信息化部与华为公司在北京签署节能自愿协议。

2. 绿色制造合作伙伴

为了加快我国绿色制造步伐，发挥国内外领军企业带动作用，推动绿色制造国内、国际多维度合作，2017年7月22日正式启动了

---

① 参见《节约能源法》第16条、第17条。

"绿色制造合作伙伴"行动。[①]

该行动将分批次遴选绿色制造能力强、国际化程度高、产品覆盖面广、行业带动性强的国内外龙头企业作为"合作伙伴"。作为"绿色制造合作伙伴",可通过自我声明或自愿性承诺等多种方式,提出行动目标及实施方案,主要工作包括但不限于:一是打造绿色制造典范。发挥行业引领作用,企业在中国境内的所有工厂都应用最先进的绿色设计和制造技术,执行最领先的绿色制造标准,同时不断创新绿色管理模式,对产品进行从"摇篮"到"坟墓"的全生命周期管理,实现资源能源利用最低化、生态环境影响最小化、可再生率最大化,探索形成可推广、可复制的绿色制造最佳实践。二是形成绿色产业链条。企业主动发挥龙头带动作用,积极推进绿色供应链管理工作,加强自身能力建设以及与供应商、物流商、销售商、终端用户的互动,形成以资源节约、环境友好为导向的产品设计、采购、生产、销售、物流、使用、回收处理体系,带动全产业链绿色化提升。三是推进绿色国际合作。企业要发挥其国际市场影响力,在"一带一路"等国际合作中,联合国内优势产业形成合力,推动绿色制造先进技术装备"引进来"和"走出去"的有效结合,实现国内外绿色制造理念、技术、标准、管理等方面的优势互补,共同服务全球工业绿色发展。

(三)经济管制

为了规范工业企业的生态环境利用行为,国家也在积极创新环境管制手段,除行政管制外,还运用了大量的经济管制措施,以下列举了一些常用的经济调控措施。

1. 资源费

我国现行法律、法规规定的资源费用主要有:水费、水资源费、育林费、森林生态效益补偿基金、森林植被恢复费、耕地开垦费、基本农田保护区耕地造地费、耕地闲置费用、土地复垦费、新菜地开发建设基金、国有土地使用费用、水土流失防治费、矿产资源勘探费、

[①] 参见《"绿色制造合作伙伴"倡议正式发布》,2017年7月,工业和信息化部(http://www.miit.gov.cn/n1146285/n1146352/n3054355/n3057542/n3057545/c5739157/content.html)。

开采费、补偿费、渔业资源增殖保护费等。①

2. 排污费

直接向环境排放污染物的单位和个体工商户需要缴纳排污费。②1979年,《环境保护法(试行)》正式确立了排污收费制度。随后,我国开始对污水、废气、固体废物和噪声四类污染物的排放行为征收排污费。据统计,2003—2015年,全国累计征收排污费2115.99亿元,缴纳排污费的企事业单位和个体工商户累计500多万户。2015年征收排污费173亿元,缴费户数28万户。③

3. 排放权交易

排放权交易是指由环境部门根据环境容量制定逐年下降的碳排放总量控制目标,然后将碳排放总量目标通过一定的方式分解为若干碳排放配额,分配给各企业,碳排放配额被允许像商品那样在市场上进行买卖,调剂余缺。④ 运用排放权交易机制减排温室气体的步骤大致如下:第一步,按照总量控制目标,通过有偿或者无偿途径,把排放配额分配给具有排放资格的企业;第二步,允许企业把节余的排放配额,在特定的交易场所,转让给有配额需求的企业,且这一交易需在政府的监督下完成;第三步,若企业存在超配额排放现象,则需要对其进行相关处罚。"十二五"期间,国家正式启动碳排放交易相关工作,选择北京、天津、上海、重庆、广东、湖北、深圳7省市作为试点区域。

4. 合同能源管理

合同能源管理,是指节能服务公司与用能单位以契约形式约定节能目标,节能服务公司提供必要的服务,用能单位以节能效益支付节

---

① 曹明德:《环境与资源保护法》,中国人民大学出版社2008年版,第77—78页。
② 参见《排污费征收使用管理条例》第2条。
③ 参见《"绿色税法"能否缓解生态环境之忧——聚焦环境保护税法》,2016年12月,法制网(http://www.legaldaily.com.cn/index/content/2016-12/26/content_6930675.htm?node=20908)。
④ 肖天乐:《碳排放权交易制度的法律分析》,《河南省政法管理干部学院学报》2011年第4期。

能服务公司投入及其合理利润。① 合同能源管理在推动工业企业节能降耗、提质增效方面发挥着重要作用。开展节能服务的主体是节能服务公司，其主要提供用能状况诊断和节能项目设计、融资、改造、运行管理等服务②。截至"十二五"末，全国节能服务公司数量达到5400家，从业人数达到60万。③ 实践中，主要有节能效益分享型、节能量保证型、能源费用托管型、融资租赁型、混合型等几种商业模式。其中，国家对节能效益分享型模式进行了重点支持。"十二五"期间，累计合同能源管理投资3710.72亿元，形成年节能能力1.24亿吨标准煤，减排二氧化碳3.1亿吨。④

5. 合同节水管理

合同节水管理是指节水服务企业与用水户以合同形式，为用水户募集资本、集成先进技术，提供节水改造和管理等服务，以分享节水效益方式收回投资、获取收益的节水服务机制。⑤ 国家已经明确在高耗水工业中开展水平衡测试和用水效率评估，重点围绕节水减污潜力大的重点行业和工业园区、企业开展合同节水工作，努力提升工业水循环利用效率。⑥ 由于合同节水工作在我国起步较晚，目前还处于探索阶段。为此，国家也明确了重点推广的集中模式：（1）节水效益分享型。节水服务企业和用水户按照合同约定的节水目标和分成比例收回投资成本、分享节水效益的模式。（2）节水效果保证型。节水服务企业与用水户签订节水效果保证合同，达到约定节水效果的，用水户支付节水改造费用，未达到约定节水效果的，由节水服务企业按合同对用水户进行补偿。（3）用水费用托管型。用水户委托节水服务企业进行供用水系统的运行管理和节水改造，并按照合同约定支付用水托管费用。（4）在推广合同节水管理典型模式基础上，鼓励节水服务企

---

① 参见《合同能源管理财政奖励资金管理暂行办法》。

② 同上。

③ 参见《"十二五"节能服务产业发展报告》。

④ 同上。

⑤ 参见《关于推行合同节水管理促进节水服务产业发展的意见》。

⑥ 同上。

业与用水户创新发展合同节水管理商业模式。①

6. 绿色税收

绿色税收是为了实现生态环境质量改善和资源、能源可持续利用的目标，而在污染物排放、能源与资源利用、生态改良和恢复等方面所征收的相关税收。通过征收绿色税收，可以内化环境污染成本，推动形成节约能源资源、保护生态环境的发展方式和消费模式。2016年12月25日通过的《环境保护税法》按照"税负平移"原则，实现了排污费向环境税的平稳转移和顺利对接，以"税"代"费"，充分发挥税收激励作用，为生态文明建设提供了必要的法律保障。

二 绿色税收的制度优势

在推动工业绿色发展方面，多种制度都在起作用，其区别主要在于调整对象、实施成本及所起效果等方面。绿色税收作为一种经济管制手段，在推动工业绿色发展方面，具有明显的制度优势。

（一）制度间比较

在经济、行政、社会三种管制方式中，绿色税收属于经济管制范畴。一方面，与行政管制方式的比较。在环境管理工作中，经济管制和行政管制都不可或缺，其改进生态环境的目标是一致的。但是，在行政管制措施实施的过程中，有着其自身难以克服的缺陷：一是行政管制主要由政府推动，其成本往往由政府和社会公众承担，实施成本相对较高；二是政府在控制污染方面往往会设定相关标准，企业只要达标排放，就不会遭受负面评价，很难实现推进技术进步及更大程度节能减排的效果。② 在我国生态环境承载能力接近极限的情况下，出现了一大批创新性的经济管制方式，对于行政管制具有重要的补充作用：一是运用经济管制措施，主要由环境污染者、生态破坏者或利用者支付相关费用，相关活动产生的外部不经济性主要环境实际利用者

---

① 参见《关于推行合同节水管理促进节水服务产业发展的意见》。

② Richard L. Ottinger, William B. Moore, "The Case for State Pollution Taxes", 12 *Pace Environmental Law Review* 1994, pp. 103, 105.

承担，不会额外加重政府和其他社会公众的经济负担，制度实施成本相对较低；二是市场主体可以通过改进生产工艺或者治理技术，减少资源能源使用和污染物排放，进而较少向政府缴纳的相关费用，其实施具有一定激励技术进步的作用。另一方面，与社会管制方式的比较。社会管制可以在一定程度上调动了相关企业参与环境保护工作的积极性，但是其有一定的适用局限性：社会管制强调参与的自愿性，一些社会责任感较强的企业才会主动参与其中，但数量毕竟有限。经济管制主要以税、费等方式呈现，具有普遍约束性，不管是社会责任感较强的企业，还是普通的企业都将受制约束。因此，在适用范围方面，经济管制要大于社会管制。

(二) 制度内比较

绿色税收在推进资源能源与减排污染物方面主要有以下作用：一是绿色税收贯彻了"污染者付费原则""有偿使用原则"等相关要求，将环境政策与经济政策进行了有机结合，是实现外部不经济性内部化的有效手段，把生态环境服务费、环境损害费用直接计入物品价格、服务价格和各种活动价格中。二是绿色税收对消费者和生产者进行了激励，有助于推动他们改变行为方式，用环境友好型的方式使用资源能源。三是通过征收绿色税收，可以拓宽资金来源，以修复生态环境。四是通过征收绿色税收，可以对特定的影响生态环境的行为进行全覆盖调控。以下选取部分绿色税收，与相关经济调控方式做一比较。

在污染防治领域，最主要的经济手段为收费和收税。通过收取排污费，增加了排污者的经济负担，有助于督促排污者减少不必要的污染物排放。但排污费属行政事业性收费，由地方环境行政主管部门征收，其行政色彩浓重，导致实践中出现了不少问题，如地方政府不当干预、公开透明性差、征收标准较低、征管难度大。在生态环境问题较为严重的现阶段，排污费对企业节能减排的激励已经显得不足。征收环境保护税，可以依托当前成熟规范的税收管理体系，克服排污费强制性不足、稳定性差等问题，对排污主体形成持续激励，引导其改变生产方式和减少污染物排放。①

在应对气候变化领域,最主要的方式是排放权交易和碳税。"十三五"期间,我国将全面启动碳排放交易工作。在进行碳排放交易的同时,通过征收碳税,可以与碳排放交易形成很好的配合,最大限度发挥减排措施的激励效果。与排放权交易制度相比,碳税的调控范围更大,所有消耗化石能源并排放温室气体的单位都可以纳入征税范畴,而参与碳排放交易的主体主要是大型企业。再者,碳排放交易制度实施的效果往往与碳市场的成熟程度以及相关技术的应用密切相关,而碳税对于碳市场成熟程度的要求不高,更易于实施。

三 绿色税收的价值所在

在推动工业绿色发展的措施体系中,各种举措都有着特定的适用领域。其中,一些措施的适用范围宽些,而另一些措施则相对较窄。对于绿色税收而言,依然有着特定的适用领域,并不能解决涉及工业绿色转型的所有问题,而且其实施也需要与相关措施进行配合,否则很难发挥出应有效果,比如依托环境监测确定污染物的数量及浓度。

在推动工业绿色发展方面,绿色税收主要适用于能源资源消耗、污染物排放、绿色消费等税收可调节领域,主要作用:一是内化资源能源消耗和污染物排放行为的外部不经济性,激励企业减少资源能源消耗和污染物排放,减缓工业发展对生态环境的负面影响;二是通过税收减免措施实施,推动节能环保产业发展,为工业绿色发展提供物质基础;三是通过税收激励,从需求侧发力,推动绿色产品消费,促使更多的企业开展绿色生产工作;四是绿色税收收入,可以为生态环境修复、节能环保技术研发应用、新能源推广等筹集到必要资金。

---

① 毛涛:《以环境保护税法推进生态文明建设》,2016年12月,中国法制网(http://www.legaldaily.com.cn/commentary/content/2016-12/29/content_6936092.htm?node=34251)。

第二章

绿色税收立法域外实践

在绿色税收立法方面，国外经历了萌芽及初步发展阶段、缓慢发展阶段和繁荣发展阶段三个时期。在工业领域，国外所用到的绿色税收主要有资源税、能源税和排污税，同时广泛使用税收特殊政策去解决相关问题。

第一节 绿色税收发展过程

一 萌芽阶段

20世纪初，一些国家便开始征收与环保相关的税收。早在1919年，美国的俄勒冈州就开始对汽油征收每加仑1美分的税收。随后，其他州也相继对汽油征税。1939年，该税收在美国各州的平均税率是每加仑3.8美分。1932年，美国实施了《国家税收法案》，并于同年6月6日开征每加仑1美分的联邦汽油税。[①] 在欧洲，不少国家尝试对汽车燃料征税。1927年，瑞典开始对车用汽油和酒精燃料征税，[②] 并于1957年开始对电力征税。[③] 挪威于1931年开始对汽油征税。

[①] 参见 Fuel taxes in the United States，2017年7月，维基百科（http://en.wikipedia.org/wiki/Fuel_taxes_in_the_United_States）。

[②] 毛显强、杨岚：《瑞典环境税——政策效果及其对中国的启示》，《环境保护》2006年第1期。

[③] 蒋亚娟：《可持续发展视域下的能源税立法研究》，厦门大学出版社2009年版，第86页。

在 20 世纪初期，欧美等国的生态环境相对较好，尚未出现严重的环境污染和生态破坏现象。这一时期，相关国家所征收的税收主要集中在能源使用领域，重点为车用燃料，尚未涉及污染物排放管制等方面。针对汽油等车用燃料征税，会增加消费者购买能源的成本，在一定程度上起到推动节约能源的作用。但是，相关国家在开征这些税收时，考虑的重点是增加财政收入，而非节约能源。从严格意义上讲，还不属于真正意义上的环境税收。充其量也就是与环境保护相关的税收。

二 初步发展阶段

1971 年，经济合作与发展组织（OECD）提出"污染者付费原则"，以环保为目的的税收随之出现。1971 年，挪威开始对矿物油中的硫征税。[1] 1973 年，随着全球性石油危机的出现，不少欧美国家开始重新定位本国能源战略，加强了能源政策制定，并把税收政策引入本国的能源战略体系。随着欧美能源战略调整，在一定程度上加快了绿色税收立法工作。在英国，以哈罗德·威尔逊为首的工党政府执政后，为确保国家参与分享开发大陆架所获收益，以及保障石油公司获得适当利润，于 1975 年颁布了《石油税收法案》，开征石油收益税。[2] 丹麦于 1978 年对电和（轻质、重质）燃料征税。[3]

美国则于 1978 年颁布《能源税法案》，对石油和天然气利用规划做出战略调整，由供应转变为保存，同时通过重税及税收减免政策，推动提高燃料使用效率和推广使用可再生能源。[4] 在重税政策使用方

---

[1] 参见 The History of Green Taxes in Norway, 2007 年 3 月（http://www.regjeringen.no/nb/dep/fin/tema/skatter_og_avgifter/The-history-of-green-taxes-in-Norway.html?id=418097）。

[2] 参见 Petroleum Revenue Tax, 2010 年 1 月，维基百科（http://en.wikipedia.org/wiki/Petroleum_revenue_tax）。

[3] 蒋亚娟：《可持续发展视域下的能源税立法研究》，厦门大学出版社 2009 年版，第 83 页。

[4] Salvatore Lazzari, *Energy Tax Policy: History and Current Issues*, Congressional Research Service of The Library of Congress, 2008: 4.

面，对于高于美国环保署规定油耗指数的汽车，征收了高耗油量汽车税；在税收减免方面，对于使用太阳能、风能和地热能等可持续能源或可再生能源的纳税人给予税收减免。1980年，美国颁布实施的《原油暴利税收法案》进一步细化了可再生能源的税收减免问题。①

在该时期，一些美欧发达国家已经经历了地区性甚至局部性的生态环境问题，进而认识到工业化对于环境的负面影响，对于生态环境保护的重视程度明显提高。这一时期，发达国家所采取的环境管制手段主要是排放管制、环境标准等行政方式，虽然"污染者付费原则"已经提出，但是运用还不成熟，绿色税收等经济调控方式在探索中缓慢发展，节约能源和推广新能源利用的思路在相关税收中得以体现，保护生态环境的特征越来越明显。在该阶段，环境税收依旧集中于能源利用领域，仅有少数税收涉及污染防治事项，如挪威1974年对一次性饮料盒征税。②

三 缓慢发展阶段

从20世纪80年代开始，欧美主要国家认识到运用行政管理方式治理环境存在的问题后，开始尝试环境管理方式创新，加强了对基于市场的环境经济政策的制定。主要原因有：一是认识到市场的潜能以及正在形成中的以市场为导向的公共政策的作用；二是认识到传统环境管制存在经济成本大，且治理效果不佳的缺陷；三是对于较低经济成本环境政策体系的兴趣在逐渐增加；四是期望深入实施"污染者付费原则"，把环境外部不经济性内化到相关产品和活动中去，并把环境政策纳入其他的政策体系中去。基于成本效益及市场竞争考虑，决策者越来越重视运用税费政策来治理环境。

这一时期，相关税收的性质发生了重大变化。根据环境税要实现的主要目标，可以将其分为三种类型：一是收回成本型。这类税收主

---

① Energy Tax Act, 2010年1月，维基百科（http://en.wikipedia.org/wiki/Energy_Tax_Act）。

② The History of Green Taxes in Norway, 2001年1月（http://www.regjeringen.no/nb/dep/fin/tema/skatter_og_avgifter/The-history-of-green-taxes-in-Norway.html?id=418097）。

要用于支付环境服务和削减措施的费用,比如水处理费(使用者付费),也可能用于其他相关的环境开支(指定收费)。二是刺激型。用于改变生产者和(或)消费者的行为。三是增加收入型。主要用于增加财政收入。① 在20世纪70年代之前,与环保相关的税收主要以收回成本为主,其激励企业和个人改变行为方式的作用不强,环境保护的特性相对较弱。从20世纪80年代开始,名副其实的绿色税收大量出现,主要属于提供刺激型、增加财政收入型或者兼有两者功能。

在立法方面,1980年美国颁布了旨在管制危险废物的《综合环境应对、赔偿和责任法》。② 依据该法案,美国开始对危险废物排放行为征收联邦税。③ 除了对污染物排放行为进行控制外,美国还对作为工业原料的化学产品和石油产品等征收原料税。④ 在欧洲,挪威于1986年对含铅汽油征税,并于1988年对矿物肥、杀虫剂和润滑油征税。⑤ 丹麦从1986年起,对废物征收每吨40克朗的税收。⑥

在这一时期,环境税立法的重点依旧集中于能源领域,并迅速向污染控制、资源利用等领域扩张,相关法律政策制定工作得以加强。

四 快速发展阶段

20世纪90年代以来,随着气候变化等全球性环境问题的出现,国际社会对于环境保护工作的重视程度明显提高。1992年召开的联

---

① 欧洲环境局:《环境税的实施和效果》,刘亚明译,中国环境科学出版社2000年版,第4页。

② Milton R. Copulos, *The Many Hazards of a Mega-Superfund*, Heritage Foundation Backgrounder, No. 420, 1985 (3): 1.

③ James M. Poterba, *Tax Policy and the Economy*, National Bureau of Economic Research, MIT Press, 2007: p. 53.

④ Joel S. Hirschhorn, *Hazardous Waste Source Reduction and a Waste Superfund Tax*, Massachusetts Hazardous Waste Source Reduction Conference, October 13, 1983.

⑤ 参见 The History of Green Taxes in Norway, 2007年3月 (http://www.regjeringen.no/nb/dep/fin/tema/skatter_og_avgifter/The-history-of-green-taxes-in-Norway.html?id=418097)。

⑥ Paul Ekins, "Survey European Environmental Taxes and Charges: Recent Experience, Issues and Trends", *Ecological Economics*, 1999 (31): 49.

合国环境与发展大会在全球环境保护史上具有里程碑意义。会议发布了《里约环境与发展宣言》《21世纪议程》和《关于森林问题的原则声明》，并签署了《气候变化框架公约》和《生物多样化公约》。

在区域性环境问题保护方面，也出台了大量具有历史意义的文件。20世纪90年代，欧共体相继发布了《欧洲委员会罗马决议》《欧洲议会都柏林宣言》《第五届环境行动计划》和《发展、竞争和就业德洛尔白皮书》等文件，来倡导成员国通过税收方式推动环境治理。其中，《发展、竞争和就业德洛尔白皮书》明确指出环境治理需要广泛地、积极地运用包括税收在内的新政策；[①] 1992年《第五届环境行动计划》指出：为了纠正价格和设计（基于市场的）经济刺激，以引导对环境有利的经济行为，经济和财政手段将成为解决方案中越来越重要的一部分。这些手段的根本目的是把产品从原料到生产、分配、使用、最终处置这一产品全生命周期所发生的全部外部环境费用内部化。这样，和那些会引起污染和废物的产品相比，对环境友好的产品在市场上将不会处于竞争劣势。[②] 此外，1994年《经济增长与环境：对制定经济政策的启示》[COM（94）465] 一文指出："在我们的经济中，经济决策在很大程度上是根据价格信号来做出的。由于消费者是根据价格变化来调整他们的购买决策，公司在很大程度上是按市场价格来决定它们的产品设计、技术开发和产品生产，因此，他们所依赖这些价格必须正确反映产品对个人和社会的全部费用和效益。环境税在相当多的例子中被证明是行之有效的政策工具。"[③] 当然，除了欧洲之外，美洲、亚洲和大洋洲也出台了保护环境的相关文件。

在此过程中，不管是发达国家，还是发展中国家，对环境问题的

[①] Paul Ekins, "Survey European Environmental Taxes and Charges: Recent Experience, Issues and Trends", *Ecological Economics*, 1999（31）: 41.

[②] 欧洲环境局：《环境税的实施和效果》，刘亚明译，中国环境科学出版社2000年版，第13页。

[③] 同上。

认识都上升至新的高度,对运用税收政策治理环境问题的重视程度显著提高,环境税进入繁荣发展时期。

在这一时期,环境税发展进入快车道:一是开始运用环境税的国家明显增多。环境税立法由以欧洲和美国为中心的格局开始向其他国家扩张。例如,亚洲的日本、韩国、印度、以色列、塞浦路斯,大洋洲的澳大利亚、新西兰,南美洲的智利和巴西,北美洲的加拿大和墨西哥以及非洲的南非等国都开始征收环境税,或出台了支持节能环保产业发展相关的税收政策。① 印度为推动新能源产业发展,出台了一系列的支持性税收政策,比如,安装风力发电机的基本设备可在第一年100%折旧,风电开发商可以将风电的投资计入其经营的其他产业成本,并用于抵扣所得税;风电销售收入免税5年;风机整机进口关税税率为25%,散件进口可享受零税率。② 二是立法进程加快。以挪威为例,从1971年到1990年的20年间,挪威仅开征了矿物油硫税(1971年)、一次性饮料盒税(1974年)、含铅汽油税(1986年)、矿物肥税(1988年)、杀虫剂税(1988年)和润滑油税(1988年)等少数环境税。比较而言,进入20世纪90年代之后,环境税出台明显增快,在1991年到2000年短短的10年间,便开征了电池税(1990年)、碳税(1991年)、饮料包装税(1994年)、硫税(1999年)、废物处理税(1999年)、化学制品税(2000年)、柴油税(2000年)、机动车排污税(2000年)等。③ 三是新型税收出现。以前,环境税主要集中于能源领域,而其他领域相对较弱。进入20世纪90年代之后,在能源税继续快速发展的同时,资源利用、污染防治领域出现了大量以保护环境为目的的税收。与此同时,环境税收类

---

① 参见 Economic Instruments Database, 2010 年 5 月 (http://www2.oecd.org/ecoinst/queries/index.htm)。

② 苏明、傅志华:《中国节能减排的财政政策研究》,中国财政经济出版社 2008 年版,第 34 页。

③ 参见 The History of Green Taxes in Norway, 2007 年 3 月 (http://www.regjeringen.no/nb/dep/fin/tema/skatter_og_avgifter/The-history-of-green-taxes-in-Norway.html?id=418097)。

型更加多元。在能源领域，出现了铀税、碳税、电力消费税、燃料补贴税等；在资源领域，出现了矿产品税、采矿场恢复税、矿业税等；在污染防治领域，出现了航天器噪声税、氯氟碳化合物税、挥发性有机化合物税、垃圾税等；在交通领域，出现了汽车购置税、机动车燃料税、废旧汽车税和机场离港旅客税等。[1] 四是税收体系逐步健全。从20世纪90年代开始，随着污染防治、能源资源利用等领域环境税收的出台，西方发达国家的环境税收体系不断完善。比如，意大利所征收的环境税涵盖了能源、资源、污染防治和交通等领域，开征了能源产品消费税、汽油消费税、天然气消费税、电力税、电力能源税、特种固体废物垃圾税、塑料袋税、飞机噪声税、杀虫剂税、道路拥塞税、机动车辆税、环境保护和环境安全税、汽车登记税和机动车民事责任保险税等一系列税收。[2] 五是环境税在国家税收体系中的比例上升。20世纪90年代，环境税占欧盟总税收收入的比例有所提升。1993年，环境税（能源税除外，根据欧洲委员会DGXXI分类）占欧盟总税收收入的比例为1.5%。其中，荷兰和丹麦较高，分别为5.1%和4%。与之相比，能源税的占比稍大一些，占欧盟总税收收入的5.2%。其中，意大利和英国占6%—7%；葡萄牙和希腊则占10%以上。[3]

第二节 绿色税收制度要点

从20世纪70年代至今，国外在环境税征收方面积累了不少经验，下面将从环境税类型、范围、征税依据、实施效果等方面，对国外环境税的经验做一总结。

---

[1] 参见 Economic Instruments Database, 2010年5月（http://www2.oecd.org/ecoinst/queries/index.htm）。

[2] 同上。

[3] 欧洲环境局：《环境税的实施和效果》，刘亚明译，中国环境科学出版社2000年版，第4页。

一 税收类型

国外最早在能源领域开征相关税收。随后，范围逐步拓宽，当前已经涵盖能源、资源、污染防治等领域。[①] 绿色税收主要包括以下类型：

能源税。这类税收主要针对能源使用者征收。在国外，能源税与生产活动密切相关。在工业领域，最常用的能源是煤炭、石油、天然气和电力等。[②] 传统化石能源往往不可再生，而且在使用过程中会产生大量污染物，所以早已成为立法规制的重点。其中，不少国家都开征了能源税。比如，美国征收的酒精汽油税、汽油税、柴油燃料税、压缩天然气税、非商业航空燃料税、内陆水运燃料税、特种汽车燃料税和替代性燃料税。[③]

排污税。这类税收主要向水体、大气等环境容量中排放污染物者征收。污染物千差万别，既有固定源污染，也有移动源污染。除此之外，特定产品的使用也会产生污染。为此，排污税的涵盖范围较宽，广泛适用于工厂、交通工具、特定商品等。[④] 向环境容量的利用者，或者特定商品使用者征收排污税，有助于内化环境污染的外部不经济性，使排污者承担起付费责任。现阶段，国外广泛运用排污税，对向大气、水体等生态系统排放污染物者，杀虫剂、电池等特定商品的购买者，以及废物倾倒者征税。[⑤]

资源税。这类税收主要针对水、森林、矿产等自然资源资的开采

[①] Nancy Steinbach, Viveka Palm, Maja Cederlund, etc., *Environmental Taxes*, 14th Meeting of the London Group on Environmental Accounting Canberra, 27-30 April 2009.

[②] *Taxation Trends in the European Union-Data for the EU Member States and Norway*, Office for Official Publications of the European Communities, 2007.

[③] 参见 Economic Instruments Database, 2010 年 5 月（http://www2.oecd.org/ecoinst/queries/index.htm）。

[④] *Taxation Trends in the European Union-Data for the EU Member States and Norway*, Office for Official Publications of the European Communities, 2007.

[⑤] 参见 Pollution Taxes Work, 2009 年 1 月（http://www.grist.org/article/pollution-taxes-work）。

者或使用者征收。通过征收资源税，增加了资源开采、使用的成本，同时也可以为国家开展自然资源养护活动筹集到资金，有助于维持自然资源的永续利用。目前，很多国家都开征了资源税，如依据拉脱维亚《自然资源税法》第5条规定，任何通过经济活动获取的自然资源都应属于征税对象，并通过附件方式列举了资源税的征收对象，土壤、沙、黏土、白云石、石灰石、石膏、大卵石、泥煤、地表水、地下水、矿物油等资源都被纳入征税对象。[1]

其他税收。除了上述税收外，还有一些为了实现生态环境服务改善或者专门针对生态破坏行为征收的税收。这类税收能够把破坏环境或生态环境改善成本融入商品、服务价格中，引导人们减少对生态环境有影响的相关活动，或者为生态环境改良工作筹集到充足的资金。一是改善生态环境。为筹集足够的生态环境治理资金，一些国家会对生态服务收税。例如，为了拓宽水环境研究资金来源，南非开征了水研究基金税。再如，为筹集到更多的资金来改良大都市生态质量，澳大利亚的西澳大利亚州征收了大都市圈改良税。[2] 二是控制产生环境影响的相关活动。为减少开发、建设或消费等活动对生态环境的负面影响，一些国家会针对这些行为征税。例如，西班牙征收的大百货公司环境破坏税和安装缆索装置环境破坏税，美国联邦征收的奢侈品税，比利时征收的消费补偿税等。[3]

二 税收范围

国外绿色税收征收较为广泛。根据经合组织（OECD）和欧洲环境署（EEA）所做的统计，2006年经合组织成员国征收的与环境保护相关的税收有375个，与此同时，这些国家还征收了250种与环保相关的费用。仅就绿色税收而言，能源税有150种，排

---

[1] Law on Natural Resources Tax, Section 5.

[2] 参见 Economic Instruments database, 2010年5月（http://www2.oecd.org/ecoinst/queries/index.htm）。

[3] 同上。

污税有 50 种。① 根据经合组织官方网站公布的资料，② 对包括奥地利、澳大利亚、比利时、加拿大、智利、捷克共和国、丹麦、芬兰、法国、德国、希腊、匈牙利、冰岛、爱尔兰、意大利、日本、韩国、卢森堡、墨西哥、荷兰、新西兰、挪威、波兰、葡萄牙、斯洛伐克、西班牙、瑞典、瑞士、土耳其、英国、美国、阿尔巴尼亚、波斯尼亚—黑塞哥维那、保加利亚、克罗地亚、塞浦路斯、爱沙尼亚、拉脱维亚、列支敦士登、立陶宛、马其顿、马耳他、罗马尼亚、黑山共和国、塞尔维亚、斯洛文尼亚、以色列、印度和南非在内的 49 个国家的绿色税收征收情况进行了梳理和分类。

在此，需要说明一个问题，本书把应对气候变化税收归入了排污税范畴。当然，关于应对气候变化税收的性质还存在着较大分歧。很多西方学者主张将应对气候变化税归于能源税的范畴。③ 但与能源税相比，应对气候变化税有诸多不同。两者调节的对象会发生部分重合，而且实施会达到相互促进的作用，如征收能源税，会激励消费者减少化石能源使用，进而减少温室气体排放；再如征收应对气候变化税也会督促温室气体排放者减少化石能源使用。但值得注意的是，两者调节的重点是存在差异的：应对气候变化税主要针对温室气体排放行为征税，其调节的重点是排放温室气体的行为，侧重于末端管制，而能源税关注的重点是能源使用行为，侧重于前端的能源使用行为。从性质上看，税收对温室气体排放行为的调节，与对污染物排放行为的调节具有一定的类似性。在温室气体性质界定方面，美国的制度实践较为超前。2007 年，美国

---

① 参见 The Political Economy of Environmentally Related Taxes, 2011 年 2 月（www.oecd.org/dataoecd/26/39/38046899.pdf）。

② 参见 Economic Instruments Database, 2010 年 5 月（http://www2.oecd.org/ecoinst/queries/index.htm）。

③ 参见 Mikael Skou Andersen, *Competitiveness Effects of Environmental Tax Reform Annex to Final Report to the European Commission*, DG Research and DG Taxation and Customs Union, p. 3; Nancy Steinbach, Viveka Palm, Maja Cederlund, etc., *Environmental Taxes*, 14th Meeting of the London Group on Environmental Accounting Canberra, 27-30 April 2009; Paul Ekins, "Survey European Environmental Taxes and Charges: Recent Experience, Issues and Trends", *Ecological Economics*, 1999 (31): 46.

马萨诸塞州诉美国联邦环保署一案,在温室气体性质界定方面具有开创性。在案件宣判阶段,依据《清洁空气法》,美国联邦法院裁定温室气体属于大气污染物。[①] 依据种属关系,二氧化碳这种重要的温室气体,可以被视为大气污染物。虽然二氧化碳与有毒、有害的大气污染物存在着差异,但是过量的二氧化碳已对大气生态系统造成了不利影响,且这种影响已经造成生态系统功能紊乱,并威胁到人类、动植物的生命与健康。[②] 考虑到其与大气污染物的类似性,为了便于对相关税收进行分类,本书将应对气候变化相关的税收归入排污税范畴。

表 2-1　　　　　　　　　　　能源税

领域		主要税收
一般领域		能源效率税、能源产品消费税等
专门领域	燃料	燃料税、燃料补贴税、非化石燃料义务税、采暖燃料税、固体燃料税、液态燃料税、替代性燃料税、柴油燃料税、汽车和航空器燃料税、航空燃料税、非商用航空燃料税、内地水路燃料税、汽车燃料税、特种汽车燃料税、载客车辆燃料消费税、含硫民用燃料油激励税、含硫汽车燃料油激励税等
	油气	石油液化气税、石油衍生物消费税、石油制品交易税、矿物油税、矿物油基本税、特定矿物油零售税、碳化氢矿物油税、汽油税、汽油消费税、个人汽油制品消费税、汽油和能源制品税、酒精汽油税、轻油交易税、润滑油税、天然气消费税、燃气税、机动车柴油税等
	电力	电力税、电力能源税、电力分配税、电力公司税、电力生产税、电力消费税、电力账单税、城镇电力附加税等
	其他	核能税

资料来源:OECD 官方网站,2011 年 2 月。

表 2-2　　　　　　　　　　　资源税

领域	主要税收
矿产	矿业税、开采税、煤资源税、采石场恢复税等
淡水	水汲取税、地下水汲取税、自来水税、水量税、公众社区水源税、水库用水环境破坏税等
森林	森林更新税、伐木税等
渔业	渔业资源利用税
其他	日光灯泡税、电灯及电熔丝税等

资料来源:OECD 官方网站,2011 年 2 月。

---

① *Endangerment and Cause or Contribute Findings for Greenhouse Gases under Section* 202（a）*of the Clean Air Act*,http://www.epa.gov/climatechange/endangerment.html.

② 毛涛:《碳税立法研究》,中国政法大学出版社 2013 年版,第 27 页。

表 2-3　　　　　　　　　　　　　排污税

领域			主要税收
一般领域			污染活动综合税
专门领域	包装装置		包装税、一次性包装基本税、塑料包装消费税、饮料装置产品税、饮料塑料装置税、酒精饮料装置税、塑料购物袋税等
	废物	废物处置	废物收集税、废物处理税、废物掩埋和焚化税等
		普通废物 垃圾废物	垃圾税、垃圾填埋及意外事件税等
		普通废物 固体废物	固体废物服务税、固体废物特种垃圾税等
		普通废物 其他废物	废料税、石油废料税、废旧充气轮胎税、包装废物税等
		危险废物	电力及电子设备废物税、放射性废物税、低放射性废物税、危险废物税、危险废物处理税、有毒废物税、减少和储存核废弃物税等
	大气	大气污染	大气排污税、大气污染物排放税、挥发性有机化合物税等
		气候变化	温室气体环境税、气候变化税、硫税、氮税、二氧化碳税、碳氢化合物税、全氟烃税、氢氟烃税、全氟羧酸税、六氟化硫税、氮氧化合物排放税、大陆架石油开采活动氮氧化物排放税等
		臭氧层破坏	臭氧层保护和综合性温室气体税、臭氧层破坏税、臭氧层破坏化学物质税等
	水体		污水税、污水处理税、沿海污水排放税、油污税
	噪声		航空噪声税、噪声治理税等
	其他		特种化学及进口物质税、杀虫剂税、密封镍镉电池税、聚氯乙烯及邻苯二甲酸盐税等

资料来源：OECD 官方网站，2011 年 2 月。

表 2-4　　　　　　　　　　　　　其他税收

领域	主要税收
生态改良	水研究基金税、公共设施税、大都市圈改良税、动力资源开发促进税、污染场地恢复税等
破坏防治	奢侈品税、消费补偿税、环境损害特种活动税、大百货公司环境破坏税、安装缆索装置环境破坏税等

资料来源：OECD 官方网站，2011 年 2 月。

三　计税依据

计税依据是征收绿色税收所应参照的标准。国外在征收绿色税收时，主要采用以下依据：一是排放量。以排放量作为计税依据的绿色税收主要适用于大气污染、水污染、固体废物等排放领域。计税污染物的排放量需要具有可测算性，比如大气污染物中的氮氧化物、甲醛、硫化氢等。例如，瑞典自1992年开始，以排量为基础，对电力企业征收氮氧化合物税。① 二是相关物质含量。以某种物质的含量作为征税依据的绿色税收主要存在于能源利用和污染防治领域。最典型的例子就是碳税。征收碳税最客观的计税依据应是二氧化碳排放量，但考虑到技术及成本问题，此种方式在现阶段难以实现。芬兰和意大利等已经开征碳税的国家主要依据化石燃料中的含碳量作为计税依据。② 三是产品价格。在特定产品销售领域，一些具有环境保护功能的消费税和增值税，主要依据产品销售价格征税。与以排放量或者特定物质含量作为计税依据的税收相比，这类税收征收成本相对较低，至少节省了污染物排放监测、特定物质检验等方面的成本。比如，国外对化肥和杀虫剂等多根据市场价格征税。③ 四是消费量。这类税收设立的初衷是减少相关物品的使用，关注的重点是减量化，通常用于能源和自然资源消费领域。如国外对汽油和天然气等能源产品所征的税收。④ 五是其他标准。这类税收比较特殊，主要适用于噪声、电磁污染等领域，如依据分贝对噪声排放者征税。

四 特别政策

为充分发挥绿色税收的调控作用，在适用一般性税收政策的同时，国外还出台了大量宽严相济的特殊政策，既有重税，也有税收减免。一是重税政策。通常而言，对于生态环境负面影响较大的生产活动，往往需要对相关企业征收重税。重税政策的实施，往往与一国生

---

① Philip A. Lawn, *Environment and Employment: A Reconciliation*, Routledge, 2009: 247.

② Paul Ekins, "Survey European Environmental Taxes and Charges: Recent Experience, Issues and Trends", *Ecological Economics*, 1999 (31): 54.

③ Nancy Steinbach, Viveka Palm, Maja Cederlund, etc., *Environmental Taxes*, 14th Meeting of the London Group on Environmental Accounting Canberra, 27–30 April 2009.

④ Michael Kohlhaas, "Ecological Tax Reform in Germany from Theory to Policy", *Economic Studies*, Volume 6, 2000: 9.

态环境状况、经济发展水平,以及特定历史时期环保任务密切相关。比如,在碳税征收方面,与芬兰相比,荷兰、挪威和瑞典就采用了重税政策。芬兰碳税收入占本国环境税总收入的5%(1995年),比较而言,荷兰、挪威及瑞典的碳税收入分别占到本国环境税总收入的14%(1997年)、10.8%(1993年)、10.1%(1998年)。① 二是税收减免。为减少绿色税收对经济发展的负面影响,以及激励节能环保行为,国外在征收环境税的过程中,往往会实施相应的税收减免及补贴等政策。比如,瑞典在征收碳税的同时,大幅度降低了消费税。② 再如,瑞典和芬兰对于使用可持续或可再生能源发电的纳税人给予补贴或者税收减免。③ 三是边境税调整。通过征收关税,比如碳关税,增加了进口产品价格,可以确保这些产品与国内产品在公平的基础上进行竞争。对于出口产品来说,进口国往往也会征收相关环保税收,为获得国际竞争优势,对于此类产品往往需要采取出口退税处理。

五 实施效果

对国外环境税实施效果的评价并非易事。"税收通常是一揽子政策中难以分割的一部分,因此,某一税收的有效性总是很难鉴定。"④ 但是,有一点是肯定的:通过征收环境税会增加企业利用能源资源和生态系统的成本,内化生态环境利用的外部不经济性,同时为国家环境治理筹集到资金。与其他环境政策相比,税收的见效期较快,一般2—4年。⑤ 例如,瑞典征收硫税后,两年内燃料中平均硫含量下降达

---

① Ekins and Barker, "Carbon Taxes and Carbon Emissions Trading", *Journal of Economic Surveys*, 2001 (15).

② Frank Scrimgeoura, Les Oxleyb, Reducing, etc., "Carbon Emissions? The Relative Effectiveness of Different Types of Environmental Tax: The Case of New Zealand", *Environmental Modelling and Software*, 2005 (20): 1442.

③ Helen Devenney, *Matthew Parkes. Green Taxes in Operation*, CIOT Green Tax Report 2009.

④ 欧洲环境局:《环境税的实施和效果》,刘亚明译,中国环境科学出版社2000年版,第7页。

⑤ 同上。

到40%，硫排放明显下降；[1] 1992年开始对电力企业征收氮氧化合物税，最初电力企业年电力产量超过5000万千瓦时，在该税收的激励下，到1997年电力产量下降到2500万千瓦时。[2]

第三节 绿色税收最新发展

随着全球气候变暖趋势的加剧，很多国家开始创新应对气候变化措施，尝试用碳税来调控温室气体排放行为，并取得了积极效果。目前，挪威、芬兰、瑞典、丹麦、英国、美国、加拿大等国家都已经将碳税应用于温室气体排放管制领域。

一 计税依据

在国外，碳税的计税依据主要有两种：一种是仅依据化石燃料中的碳含量征收，可称为单一模式；另一种是综合考虑化石燃料的含碳量和能源含量，可称为混合模式。国外大多数已经开征碳税的国家或地区都采用单一模式，仅有荷兰等少数国家曾采用过混合模式。1990—1994年，芬兰以化石燃料中的含碳量作为征税依据。1994年，芬兰调整了计税依据，由单一标准转变为双重标准，按照化石燃料的含碳量和能源含量六四分成的原则征收碳税。1997年1月1日，芬兰又重返单一标准，以化石燃料中的含碳量为依据征收碳税。[3]

采用混合模式，碳税虽然具有激励节能减排和促进新能源使用的功能，但是以碳含量为依据征收的税收占税收总额的比重不可能达到100%，碳税激励节能减排的作用会下降。大多数国家或地区的选择，

---

[1] 欧洲环境局：《环境税的实施和效果》，刘亚明译，中国环境科学出版社2000年版，第5页。

[2] Philip A. Lawn, *Environment and Employment: A Reconciliation*, Routledge, 2009: 247.

[3] Jenny Sumner, Lori Bird, etc., *Carbon Taxes: A Review of Experience and Policy Design Considerations*, National Renewable Energy Laboratory (US), Technical Report, 2009, p. 9.

以及芬兰短暂变革后的理性回归，似乎表明以化石燃料中的含碳量为依据设计碳税，才是现阶段碳税立法的最佳选择。其实，能源含量与气候变化没有必然联系，不应成为碳税关注的重点，把其归于专门的能源税收较为妥当，做到各有侧重，这样做也有助于协调好碳税与能源税之间的关系。

二 征收阶段

在碳税征收阶段选择上，国外共有两种模式：一种是上游模式，在化石燃料进入终端消费市场前，针对生产商或者销售商征收碳税；另一种是下游模式，在化石燃料进入消费市场后，针对消费者征收碳税。

上游模式通常在化石燃料进入终端消费市场之前征税，其具有以下特点：一是前端管制。在化石燃料进入终端消费市场之前征收。二是征管效率较高。在化石燃料进口或批发等环节征收碳税，纳税人为总经销商或批发商，数量较少，征管效率相对较高。三是价格信号模糊。在此种情况下，碳税为间接税，化石燃料进入终端消费市场后，对其所征的税收隐藏在商品价格中，消费者无法面对直接的税收激励，容易造成消费者"模糊消费"，碳税激励效果减弱。

下游模式通常在化石燃料进入终端消费市场后征税，其具有以下特点：一是末端管制。在化石燃料进入消费市场后征税。二是征管效率较低。在该模式下，碳税的纳税义务人为化石燃料的消费者，数量众多，在一定程度上影响着征管效率。三是激励效果较好。这时，碳税为直接税，税收的激励作用可直接到达消费者，在明确的税收价格面前，有助于避免"模糊消费"。

现阶段，挪威、芬兰、瑞典、丹麦、斯洛文尼亚、英国、美国科罗拉多州的布德市、加拿大的英属哥伦比亚省、爱尔兰等大多数已经开征碳税的国家或地区都选择了下游征收模式，而印度、加拿大魁北克省、美国加利福尼亚州海湾空气质量管理区和加利福尼亚州空气资源委员会等少数国家或地区选择了上游征收模式。

三 税目范畴

碳税税目设计与一国或地区的温室气体排放构成密切相关。大多数已开征碳税的国家或地区，多以"含碳量"为据征收碳税。这一选择，决定了碳税的税目设计会紧紧围绕着化石燃料进行。按照国际经验，开征碳税的国家，通常会采取循序渐进的原则，先对一些消耗量大，且易于管制的化石燃料，课以碳税。随后，再逐步拓宽应税化石燃料范畴，最终做到全面管制，最大限度地发挥碳税的激励效果。

国外在确定应税化石燃料的过程中，通常会考虑以下因素：一是二氧化碳排放构成。二氧化碳排放构成对于税目设计起着决定性作用。若一国的二氧化碳主要源于工业领域，征税的重点会侧重于工业领域使用的化石燃料。同理，若二氧化碳主要源于交通领域或生活领域，税目则需要围绕这些领域使用的化石燃料进行设计。例如，加拿大英属哥伦比亚省排放的温室气体主要来源于交通领域和生活领域，应税化石燃料也主要围绕这两个领域进行设计。二是应对气候变化的态度。一国或地区应对气候变化的态度往往也会影响应税化石燃料范畴。一般而言，应税化石燃料涵盖的种类越多，越有利于减排温室气体。欧洲国家应对气候变化的态度较为坚决，税目范畴则较为宽广。与之相比，在很长的一段时间内，美国应对气候变化的态度并不积极，即使部分地区已经开征碳税，应税化石燃料范围也并不宽泛。三是国家能源政策。在新能源使用的过程中，也会释放二氧化碳。但是，为了落实推广新能源的政策，大多数国家都会对新能源采取保护性税收策略，未纳入应税范畴。

现阶段，国外碳税的税目设计呈现一定的差异性：一是范围不同。芬兰、挪威、瑞典、加拿大英属哥伦比亚省、加拿大魁北克省等国家或地区所设置的税目范畴较为宽广。比较而言，印度、智利、美国的布德市等国家或地区的碳税税目则比较窄。二是模式不同。在设计税目时，有单一模式与复合模式两种类型：单一模式是指碳税的课税对象，要么是化石燃料，要么是化石燃料终端制品，仅从两者之中择其一；复合模式是指碳税的课税对象同时包括化石燃料，以及其终端产品，也就是二次能源。目前，采取单一制模式的国家或地区最多。在该模式下，大多国家或地区都倾向于把化石燃料作为碳税的课税对象。当然，也有少数国家或地区选择把化石燃料的终端产品作为课税对象，如美国布德市把电力作为课税对象。与单一模式相比，选择复合模式的国家或地区较少，仅有丹麦、英国和加拿大魁北克省等。三是重点不同。在进行税目设计时，大多数国家或地区仅关注于汽油、柴油、天然气、煤炭等常规化石燃料。当然，也有一些国家或地区的碳税税目涉及一些非常规燃料，如加拿大魁北克省把甲烷作为应税燃料，再如加拿大英属哥伦比亚省把丙烷、丁烷、乙烷、戊烷、废旧轮胎等作为应税燃料。

四 纳税义务人

纳税义务人是碳税的实际承担者。选择不同的征收阶段，碳税的纳税义务人会存在差异。印度、加拿大魁北克省、美国加利福尼亚州海湾空气质量管理区等，选择了上游征收模式，碳税的纳税人为化石燃料进口商、生产商或销售商，纳税人范围相对集中，数量较少。与之不同，挪威、芬兰、瑞典、丹麦等，选择了下游征收模式，纳税人为化石燃料消费者，范围相对分散，数量较多。此外，像荷兰等选择混合模式的国家，兼用上游和下游模式，纳税人较为特殊，既包括化石燃料的进口商、生产商或销售商，也包括化石燃料的消费者。

以加拿大为例，魁北克省选择了源头征收模式，在化石燃料的生产阶段或首次销售阶段征收碳税。这就决定了，纳税义务人为汽油、柴油、加热油、电力、天然气、煤炭和甲烷等燃料的生产商或总经销商。[①] 据统计，应缴纳碳税的公司大约有 50 家，如加拿大魁北克水电公司、加拿大石油公司和加拿大壳牌公司等。[②] 与之不同，英属哥伦

[①] Jenny Sumner, Lori Bird, etc., *Carbon Taxes: A Review of Experience and Policy Design Considerations*, National Renewable Energy Laboratory (US), Technical Report, 2009, p. 15.

[②] 参见 Quebec Government to Implement Carbon Tax, 2007 年 6 月（http://www.torys.com/Publications/Documents/Publication%20PDFs/CCB2007-6.pdf.）。

比亚省选择了下游模式,为量大面广的化石燃料的终端消费者。①

五 税率

综观国外经验,在设计碳税税率时,有两种标准,一种是统一税率,另一种是差别税率。统一税率是在以化石燃料中的含碳量为依据设计的前提下,为了保证碳税激励效果的一致性,相关国家和地区往往会对排放一吨二氧化碳当量的温室气体进行定价,设定一个统一的税率标准。基于此,按照应税燃料燃烧时所释放出的温室气体量,确定其应适用的税率。目前,荷兰、丹麦等国,以及加拿大魁北克省和英属哥伦比亚省都选择了此模式。此外,还存在差别税率,像芬兰、挪威和瑞士等国,对于不同化石燃料所适用的税率标准不尽相同。与其他燃料相比较,这些国家倾向于对汽油和天然气设置较高的税率。②

税率水平也是国外重点考虑因素。其实,碳税的功能定位直接决定着碳税的税率水平。关于碳税的功能定位,有三种倾向:第一种是激励减排。若一国或地区征收碳税之目的在于减排温室气体,则会采用较高的税率标准,用高税收方式诱导市场主体节能减排。第二种是筹集资金。若一国或地区征收碳税之目的在于为项目筹集资金,则会依据项目所需要资金量,来设置税率标准。第三种是增加财政收入。若一国或地区征收碳税之目的在于增加财政收入,则会根据国家期望,设置税率标准。不管基于何种倾向,征收碳税都可以起到减排温室气体之功效。

再者,国外也会按照一定的标准设置或调整税率。在设计碳税时,一些国家或地区选择了动态税率模式,其主要类型有:一种是灵活年税率。一些国家每年都会对碳税实施效果做出评价,再依据评价结果确定出下一财政年度的碳税税率标准。例如,加拿大的魁北克省会以各种化石燃料的年销售量为依据,确定各种化石燃料应适用的税

---

① 毛涛:《加拿大魁北克省与英属哥伦比亚省碳税立法比较研究》,《时代法学》2013年第4期。

② Mark pearson, Stephen Smith, *The European Carbon Tax: An Assessment of The European Commission's Proposals*, The Institute of Fiscal Studies, 1991, p. 2.

率标准。① 再如，1996年丹麦碳税实施之初，轻型燃料油的税率为每升3.67欧分。之后，它所适用的税率每年都在变动，在2000年、2002年和2005年，其税率分别为每升3.62分、3.63分和3.23分。②另一种是逐年上涨税率。一些国家或地区碳税税率的起征点相对较低，在征收过程中，采用逐步上涨方式，逐年递增税率。例如，加拿大的英属哥伦比亚省就采用了此模式。2008年，加拿大的英属哥伦比亚省的碳税税率为每排放一吨二氧化碳当量的温室气体10加元。之后，该标准逐年上涨5加元。该政策一直执行至2012年，达到每排放一吨二氧化碳当量温室气体30加元的标准。2007年，汽油、柴油、轻燃料油、重燃料油、航空汽油、喷气机燃料和煤油等所适用的税率分别为每升2.56加分、2.76加分、2.76加分、3.11加分、2.45加分、2.62加分和2.41加分。而在2012年，上述燃料所适用的税率将分别上升至每升7.24加分、8.27加分、8.27加分、9.33加分、7.68加分、7.87加分和7.34加分。③

六 税收归属及用途

通过征收碳税，可以为一国带来丰厚的收入。在不同的国家或地区，由于碳税定位不同，因而碳税收入的用途也不尽相同。综观国外经验，碳税收入主要用于以下几方面。

一是项目支持资金。一些国家会把碳税收入用于支持温室气体减排或气候变化适应项目。加拿大魁北克省，美国布德市、加利福尼亚州海湾空气质量管理区和空气资源委员会等选择了该模式。其中，加利福尼亚州海湾空气质量管理区把碳税收入主要用于应对气候变化的项目。④

---

① Jenny Sumner, Lori Bird, etc., *Carbon Taxes: A Review of Experience and Policy Design Considerations*, National Renewable Energy Laboratory (US), Technical Report, 2009, p. 15.

② Ibid., p. 13.

③ *British Columbia Carbon Tax*, www. gov. bc. ca/sbr.

④ Jenny Sumner, Lori Bird, etc., *Carbon Taxes: A Review of Experience and Policy Design Considerations*, National Renewable Energy Laboratory (US), Technical Report, 2009, p. 17.

二是相关税费减免。一些国家或地区征收碳税后，会进行碳税收入的再循环，通过相关税收减免、补贴等方式，将这部分收入返还纳税人。芬兰、加拿大英属哥伦比亚省、澳大利亚①等采用了此模式。例如，从1998年开始，芬兰征收碳税的目的在于通过增加环保税和营业所得税收入来抵销部分财政赤字，扩大税基，降低劳动税。1998年和1999年，芬兰劳动所得税减少计划分别为15亿芬兰马克和35亿芬兰马克。②

三是多元化使用。大多数国家或地区都会把碳税收入用于上述用途，但是也有少数国家和地区把碳税收入用于多种用途，如英国、荷兰、丹麦和印度。英国把来源于碳税的收入，一部分用于抵销已经消减了的雇主薪金税（Payroll Tax），另一部分则为提高能源效率及开发新能源提供资金支持。荷兰把来源于碳税的收入用于资助温室气体减排项目，以及补偿个人或者企业的税收负担。③

七 税收减免

在现有碳税框架之下，一国或地区往往会根据企业经营状况、个人收入、财富、地理位置以及其他因素，确定出征税例外事项。④ 选择上游模式的国家或地区，所设计的碳税，其税目范畴相对较小，且纳税人范畴特定，无须过多考虑征税例外事项。与之相反，选择下游模式，以及兼用上下游模式的国家或地区，所设计的碳税，税目往往较多，且纳税义务人范畴不特定，基于新燃料推广及企业保护等考虑，往往存在较多的税收例外事项。

一是鼓励使用的能源。基于能源战略考虑，一国或地区会对使用

---

① Jenny Sumner, Lori Bird, etc., *Carbon Taxes：A Review of Experience and Policy Design Considerations*, National Renewable Energy Laboratory (US), Technical Report, 2009, p. 5.

② 杨姝影、蔡博峰、曹淑艳：《国际碳税研究》，化学工业出版社2011年版，第23—24页。

③ Jenny Sumner, Lori Bird, etc., *Carbon Taxes：A Review of Experience and Policy Design Considerations*, National Renewable Energy Laboratory (US), Technical Report, 2009, p. 9.

④ John Miller, *Leveling the Carbon Playing Field：A Ralwsian Take on Carbon Taxation and Climate Justice*, Institute for Fiscal Studies Reports, 2000, p. 10.

新能源、可再生能源、生物质能等政策性燃料者,给予相应税收减免。比如,加拿大英属哥伦比亚省对生物柴油、乙醇、生物燃料、可再生能源等燃料的使用者免税。① 再如,瑞典对乙醇、沼气、生物燃料、泥煤,② 以及垃圾的使用者免税。又如,美国布德市对于自愿购买 Xcel Energy 公司所提供的风力发电消费者免税。③

二是特殊封存燃料。一些国家或地区对于销售小剂量,且密封保存的化石燃料免征碳税。例如,加拿大英属哥伦比亚省对于"销售经过包装的,且放置在含量小于 4 升的小密封容器里的燃料"进行免税处理。④

三是辅助性燃料。这类燃料在使用中不发生燃烧,而是作为原材料或试剂使用。例如,加拿大英属哥伦比亚省对使用作为其他制品原料且不发生燃烧的燃料,以及作为试剂、冷却剂、防冻剂、还原剂的燃料免征碳税。⑤

四是跨境运输过程中使用的燃料。基于国际法原则,对于在一国管辖领土、领空和领海范围外所使用的化石燃料应给予免税处理。挪威⑥、瑞典以及加拿大英属哥伦比亚省等,都做出了类似规定。下面以加拿大英属哥伦比亚省为例进行简要说明。航空运输的一种情况是:仅终点或起点在该省的航班,且不在该省停留,其使用的燃料免税,如温哥华到夏威夷的航班。另一种情况是:以该省某个城市作为起点或终点,飞出该省辖区后航班所使用的燃料免税。航海运输的一种情况是:在内线航道航行的客船,其起点或者终点只要有一处不在

---

① Dennis Mahony, *British Columbia Climate Change Law and Policy*, *The Law of Climate Change in Canada*, A Division of the Cartwright Group Ltd., 2010, Chapter 5, p. 40.

② See *CarbonTax Has Stood the Test in Sweden*, http://www.presseurop.eu/en/content/article/47141-carbon-tax-has-stood-test-sweden.

③ Jenny Sumner, Lori Bird, etc., *Carbon Taxes*: *A Review of Experience and Policy Design Considerations*, National Renewable Energy Laboratory (US), Technical Report, 2009, p. 14.

④ *Carbon Tax Act*, Article 15.

⑤ *Carbon Tax Act*, Article 16, Article 17 (1) a.

⑥ Annegrete Bruvoll, Bodil Merethe Larsen, "Greenhouse gas emissions in Norway—do carbon taxes work?" *Energy Policy*, 2004 (4): 32, p. 5.

该省内，其使用的燃料免税，如温哥华至西雅图。另一种情况是：起点或终点有一处不在该省内的货船或者客货两用船，只要不在该省内其他码头再次靠停，则免税。如果船舶在其他码头靠停，则仅对船舶在该省管辖范围的出发或到达码头与靠停码头之间行驶中所使用的燃料征税，而其他航段则免税。①

五是习俗或惯例。立法者在设计碳税的同时，也会考虑风俗习惯或国际惯例问题。比如，依据加拿大《访问军队法案》规定，国外军事访问部队在英属哥伦比亚省所使用的燃料免税。② 再如，依据加拿大《印第安人法案》规定，印第安人按照其风俗习惯所使用的燃料免税。③

六是产业保护。在征收碳税的同时，基于一国的产业保护政策，一部分企业可以享受税收减免政策。一是能源密集型产业。在征收碳税之初，为避免税收对于产业的冲击，一些国家往往给予这些产业一定的免税优惠。例如，挪威对电力消耗密集型企业免征电力消耗方面的碳税。④ 二是其他产业。基于某种原因考虑，一些国家对于特定产业，也会给予相应的税收优惠。比如，挪威对海洋捕鱼、内海货物运输等领域所使用的化石燃料免征碳税。⑤ 再如，瑞典对园艺、采矿业、制造业、造纸业等给予了相应的税收优惠。⑥

---

① *British Columbia Carbon Tax*, www.gov.bc.ca/sbr, last visited on 2016-4-11.

② *Carbon Tax Act*, Article 21.

③ *Indian Act*, Article 87.

④ Paul O'Brien, *Norway-Sustainable Development: Climate Change and Fisheries Policies*, Sustainable Development: Climate Change and Fisheries Policies Economics Department Working Paper, No. 805, p. 17.

⑤ Annegrete Bruvoll, Bodil Merethe Larsen, "Greenhouse Gas Emissions in Norway—Do Carbon Taxes Work?" *Energy Policy*, 2004 (4): 32, p. 5.

⑥ Gary Bryner, *The Idea of a Carbon Tax Utah Climate Policy Symposium TED Case Studies: US BTU Tax*, 2007.

第三章

我国绿色税收立法现状与问题

我国出台的相关税收政策，对于工业绿色转型起到了积极推动作用。这类税收可以分为以下三类：一是专门性税收，即以保护环境为首要定位的税收；二是与环境保护相关的税收，即这类税收并非以保护环境为首要立法目的，但是随着其实施，会直接或间接推动工业绿色发展；三是部分内容涉及环境保护工作的税收，这类税收主要就环境保护事项做出特殊规定。在以上三种税收中，专门性税收是推动工业绿色发展的主力，其他税收则对工业绿色发展起着或多或少的促进作用。

第一节 与资源利用相关的税收

在我国，自然资源所有权属于国家和集体。《宪法》第9条第1款规定："矿藏、水流、森林、山岭、草原、荒地、滩涂等自然资源，都属于国家所有，即全民所有；由法律规定属于集体所有的森林和山岭、草原、荒地、滩涂除外。"在上述自然资源中，工业领域消耗最多的是矿产资源、水资源和森林资源。国家作为这些自然资源的所有权主体，享有占有、使用、收益和处分四项权能。对自然资源开发、利用行为征税，是实现国家自然资源所有权中收益权的一种重要方式。

一 相关规定

1982年1月实施的《对外合作开采海洋石油资源条例》第9条

规定:"参与合作开采海洋石油资源的中国企业、外国企业,都应当依法纳税,缴纳矿区使用费。"收取矿区使用费,虽然与税收还有着一定差别,但标志着我国开始重视自然资源所有权问题并付诸实践。

1984年1月实施的《产品税条例(草案)》(1994年1月1日失效)把黄金矿砂和黄金等资源或资源产品纳入征税范围。[1] 此外,该条例规定环境友好型产业可以享受一定的税收优惠。例如,"利用废渣、废液、废气生产的产品,给予定期的减税、免税"[2]。

1984年9月颁布的《资源税条例(草案)》(1994年1月1日失效)是我国第一部对资源开发活动进行系统性税收调节的专门性税收立法。按照条例规定,资源税仅针对从事原油、天然气、煤炭、金属矿产品和其他非金属矿产品资源开发的单位和个人征收。[3] 税率主要依据应税产品的销售收入利润率,按照超率累进税率计算:销售利润率为12%和12%以下的,不缴纳资源税;销售利润率为12%—20%的部分,按销售利润率每增加1%,税率增加0.5%累进计算;销售利润率为20%—25%的部分,按销售利润率每增加1%,税率增加0.6%累进计算;销售利润率超过25%的部分,按销售利润率每增加1%,税率增加0.7%累进计算。随着条例的实施,对于调节级差收入,以及在国家和企业分享资源权属收益方面起着推动作用。但是在其实施过程中,也存在不少问题:一是征税对象仅涉及少数矿产资源,覆盖面明显过窄;二是按照销售利润征税,会出现经营水平越高的企业税负越重,存在"鞭打快牛"问题;[4] 三是对于销售利润率低于12%的企业,似乎意味着可以继续无偿利用这些自然资源,税收激励作用难以显现。为解决以上问题,1986年财政部发布的《关于对煤炭实行从量定额征收资源税的通知》和《关于对原油、天然气实行从量定额征收资源税和调整原油产品税税率的通知》两个重要文件,对煤炭、原

---

[1] 参见《产品税条例(草案)》第7条第2款。
[2] 参见《产品税条例(草案)》第7条第4款。
[3] 参见《资源税条例(草案)》第1条。
[4] 崔景华:《资源税费制度研究》,中国财政经济出版社2014年版,第157页。

油、天然气的计税依据做了重大调整,由按应税产品销售利润率超率累进计征修改为按实际销售量定额征收。

1986年1月实施的《矿产资源法》,对于矿产资源勘查、开发利用和保护工作起着重要规范作用。该法明确规定:"开采矿产资源,必须按照国家有关规定缴纳资源税和资源补偿费。"[①] 据此,以法律形式确认了矿产资源有偿使用制度,即从事矿产资源开采活动的单位和个人,需要依法缴纳资源税和资源补偿费。但由此也确立了矿产资源利用的"税费并存"机制。

1994年,我国实施《资源税暂行条例》,顺应了"分税制"改革的相关要求。与当时废止的《资源税条例(草案)》相比,条例增加了黑色金属原矿、盐,将征税范围拓宽至原油、天然气、煤炭、其他非金属原矿、黑色金属原矿、有色金属原矿、盐等资源性产品。1994年4月实施的《矿产资源补偿费征收管理规定》落实了《矿产资源法》关于征收资源补偿费的要求。依据规定,在我国管辖范围内开采矿产资源,应当缴纳矿产资源补偿费。由此,我国进入同时征收资源税及资源补偿费的时代。

2011年,《国务院关于修改〈中华人民共和国资源税暂行条例〉的决定》对1991年条例进行了修订。主要调整有:一是拓宽了资源税的管辖范围,将税收调控范围拓展至相关海域,由此资源税的覆盖范围包括管辖的区域及海域。二是在税额幅度确定方面,考虑因素在原有的资源状况的基础上,增加了开采条件;三是在原有的从量定额的基础上,增加了从价定率的内容,税率确定更加灵活。

传统的资源税,其调整对象的重点是矿产资源。从广义层面讲,土地也是一种重要的资源,工业项目通常要依附土地进行。因此,完善土地管理方面的税收,有助于优化工业布局和鼓励企业节约用地。基于以上考虑,本书将与耕地利用相关的税收归入广义的资源税范畴,主要有耕地占用税、城镇土地使用税和土地增值税。1987年颁布的《耕地占用税暂行条例》(2007年修订),就耕地占用税的税额、

---

① 参见《矿产资源法》第5条。

纳税人范围、计税依据、税收减免适用条件、税收征管部门等做出了系统规定，旨在通过征收耕地占用税来达到土地资源合理利用及耕地保护之目的。1988年颁布实施的《城镇土地使用税暂行条例》（2006年修订），对于合理利用城镇土地，调节土地级差收入，提高土地使用效益，加强土地管理起着积极促进作用。① 通过征收该税收，增加了单位和个人使用城镇土地的成本，用税收价格调控方式，有助于引导市场主体合理利用城镇土地资源。1994年1月实施的《土地增值税暂行条例》（2008年修订）对于转让国有土地使用权、地上的建筑物及其附着物，并取得收入的单位和个人进行调节。

二　主要税种

（一）资源税

现行资源税内容如下：一是纳税义务人。资源税的纳税义务人为开采《资源税暂行条例》规定的矿产品或者生产盐的单位和个人，包括企业、行政单位、事业单位、军事单位、社会团体及其他单位。② 二是税目。主要包括原油、天然气、煤炭、其他非金属矿原矿、黑色金属矿原矿、有色金属矿原矿、盐（固体盐和液体盐）七种资源产品。③ 三是税率。主要根据纳税人所开采或者生产应税产品的资源品位、开采条件等情况确定。④ 四是税额。资源税的税额主要有从价定率和从量定额两种方法，前者以应税产品的销售额乘以纳税人具体适用的比例税率计算，后者以应税产品的销售数量乘以纳税人具体适用的定额税率计算⑤。五是税收减免。资源税的税收减免有以下两种情况：一方面，免税。开采原油过程中用于加热、修井的原油免税。另一方面，减税或免税。纳税人开采或者生产应税产品过程中，因意外事故或者自然灾害等

---

① 参见《城镇土地使用税暂行条例》第1条。
② 参见《资源税暂行条例》第1条；《资源税暂行条例实施细则》第3条。
③ 参见《资源税暂行条例》第2条及所附《资源税税目税额幅度表》。
④ 参见《资源税暂行条例》第3条。
⑤ 参见《资源税暂行条例》第4条。

原因遭受重大损失的情况，可以申请免税或减税。①

表 3-1 反映了 2000 年至 2012 年间全国资源税收入情况，以及该项收入占全国税收总收入的比重。一方面，就全国资源税收入而言，在 2000 年，我国来源于资源税的收入为 63.6 亿元，随后该收入逐年上涨，到 2012 年达到 855.76 亿元，增长约 12 倍。另一方面，就资源税收入占据全国税收收入的比例而言，2000 年，资源税占全国税收总收入的比例为 0.50%，2001—2010 年，该比重经历了先回落后上升的过程，最低值为 2004 年的 0.39%，最高值为 2010 年的 0.57%。2011 年起，进入快速增长阶段，当年占比增长至 0.70%，2012 年增长至 0.85%。从总体上看，资源税的税收收入以及占全国税收总收入的比重都呈上升趋势，尤其在 2011 年修订的《资源税暂行条例》实施后，资源税税收增长趋势明显变快。

表 3-1　　　　　2000—2012 年全国资源税收入　　　　（单位：亿元）

年份	资源税收入	全国税收总收入	占全国税收比例（%）
2000	63.6	12665.8	0.50
2001	67.1	15165.5	0.42
2002	75.1	16996.6	0.42
2003	83.1	20466.1	0.41
2004	99.1	25718.0	0.39
2005	142.6	30865.8	0.46
2006	207.3	37636.3	0.55
2007	261.3	49449.3	0.53
2008	301.76	54219.62	0.56
2009	338.24	59514.7	0.56
2010	417.58	73202.0	0.57
2011	598.87	89720.31	0.70
2012	855.76	100600.88	0.85

资料来源：国家税务总局官方网站，2016 年 7 月。

2016 年颁布的《关于全面推进资源税改革的通知》，指明了资源税改革的方向：一是开展水资源税改革试点，明确在河北率先开展试

---

① 参见《资源税暂行条例》第 7 条。

点工作,采取水资源费改税方式,将地表水和地下水纳入征税范围,实行从量定额计征,对高耗水行业、超计划用水以及在地下水超采地区取用地下水,适当提高税额标准,正常生产生活用水维持原有负担水平不变。二是逐步将其他自然资源纳入征收范围,授权地方政府可以结合本地实际,提出对森林、草场、滩涂等征收资源税的具体方案。三是实施从价计征改革。对《资源税税目税率幅度表》中列举名称的21种资源品目和未列举名称的其他金属矿实行从价计征。在进行从价计征改革的同时,也考虑到相关资源的特殊性,给予了一定的灵活处理:对经营分散、多为现金交易且难以控管的黏土、砂石,按照便利征管原则,仍实行从量定额计征;对《资源税税目税率幅度表》中未列举名称的其他非金属矿产品,按照从价计征为主、从量计征为辅的原则,并授权地方政府确定计征方式。四是探索灵活税率设定方式。授权地方政府在《资源税税目税率幅度表》规定的税率幅度内提出具体适用税率;对未列举名称的其他金属和非金属矿产品,地方政府可以根据实际情况确定具体税目和适用税率。五是对于保护性开采工作给予税收优惠。对符合采用充填开采方式采出的矿产资源,资源税减征50%;对衰竭期矿山开采的矿产资源,资源税减征30%。同时,对利用低品位矿、废石、尾矿、废渣、废水、废气等提取的矿产品,地方政府可以确定是否减税或免税。六是加强对地方支持。按照此改革方案收取的矿产资源税全部纳入地方财政收入。

表 3-2　　　　　　　　资源税税目税率幅度

序号	税目		征税对象	税率幅度
1	金属矿	铁矿	精矿	1%—6%
2		金矿	金锭	1%—4%
3		铜矿	精矿	2%—8%
4		铝土矿	原矿	3%—9%
5		铅锌矿	精矿	2%—6%
6		镍矿	精矿	2%—6%
7		锡矿	精矿	2%—6%
8		未列举名称的其他金属矿产品	原矿或精矿	税率不超过20%

续表

序号	税目		征税对象	税率幅度
9	非金属矿	石墨	精矿	3%—10%
10		硅藻土	精矿	1%—6%
11		高岭土	原矿	1%—6%
12		萤石	精矿	1%—6%
13		石灰石	原矿	1%—6%
14		硫铁矿	精矿	1%—6%
15		磷矿	原矿	3%—8%
16		氯化钾	精矿	3%—8%
17		硫酸钾	精矿	6%—12%
18		井矿盐	氯化钠初级产品	1%—6%
19		湖盐	氯化钠初级产品	1%—6%
20		提取地下卤水晒制的盐	氯化钠初级产品	3%—15%
21		煤层（成）气	原矿	1%—2%
22		黏土、砂石	原矿	每吨或立方米0.1—5元
23		未列举名称的其他非金属矿产品	原矿或精矿	从量税率每吨或立方米不超过30元；从价税率不超过20%
24		海盐	氯化钠初级产品	1%—5%

资料来源：《2016年最新资源税税目税率幅度表》，2017年3月。

（二）耕地占用税

耕地占用税是为了确保合理用地和保护耕地，对占用耕地的单位和个人所征的税收。① 该税收调控的重点为耕地的使用行为，现行税收的主要内容如下：一是纳税义务人。占用耕地建房或者从事非农业建设的单位或者个人应缴纳此项税收，故国有企业、集体企业、私营企业、股份制企业、外商投资企业、外国企业以及其他企业等都是该税收的纳税主体。② 二是计税依据。以纳税人实际占用的耕地面积作

---

① 参见《耕地占用税暂行条例》第1条。
② 参见《耕地占用税暂行条例》第3条。

为计税依据。① 三是税额。该税收采取了较为灵活的税额，以县级行政单位人均耕地面积为标准。具体而言，人均耕地不超过1亩的地区，每平方米为10—50元；人均耕地超过1亩但不超过2亩的地区，每平方米为8—40元。人均耕地超过2亩但不超过3亩的地区，每平方米为6—30元。人均耕地超过3亩的地区，每平方米为5—25元。② 此外，税额适用具有特殊情况，即经济特区、经济技术开发区和经济发达且人均耕地特别少的地区，以及占用基本农田的需要提高税额。③ 四是税收减免。该税收存在应当减免和可以减免两种情况：一种情况，应当减免的范围。包括：军事设施以及学校、幼儿园、养老院、医院等公益设施应当免征该项税收；④ 农村居民占用耕地新建住宅，按照当地适用税额减半征收耕地占用税。⑤ 另一种情况，可以减免的范围。包括：铁路线路、公路线路、飞机场跑道、停机坪、港口、航道占用耕地，经国务院批准后，可以免征或减征；⑥ 农村烈士家属、残疾军人、鳏寡孤独以及革命老根据地、少数民族聚居区和边远贫困山区生活困难的农村居民，可以依照相应的程序进行税收减免。⑦

（三）城镇土地使用税

城镇土地使用税是为了合理利用城镇土地，调节土地级差收入，提高土地使用效益，加强土地管理，而对城镇范围内用地的单位或者个人所征的税收。⑧ 该税收的调整对象为处于城镇区域的土地，现行税收的主要内容如下：一是纳税义务人。城市、县城、建制镇、工矿区范围内使用土地的单位和个人为该税收的纳税义务人。⑨ 二是计税

---

① 参见《耕地占用税暂行条例》第4条。
② 参见《耕地占用税暂行条例》第5条。
③ 参见《耕地占用税暂行条例》第6条、第7条。
④ 参见《耕地占用税暂行条例》第8条。
⑤ 参见《耕地占用税暂行条例》第10条第1款。
⑥ 参见《耕地占用税暂行条例》第9条。
⑦ 参见《耕地占用税暂行条例》第10条第2款。
⑧ 参见《城镇土地使用税暂行条例》第1条。
⑨ 参见《城镇土地使用税暂行条例》第2条。

依据。土地使用税以纳税人实际占用的土地面积作为计税依据。① 三是税额。根据行政区划差异，该税收的税额会存在不同，即每平方米的年税额为：大城市 1.5—30 元，中等城市 1.2—24 元，小城市 0.9—18 元，县城、建制镇、工矿区 0.6—12 元。② 此外，该税收税额的设置还具有一定的灵活性，即在税额幅度内，根据市政建设状况、经济繁荣程度等条件，地方政府有权确定所辖地区的适用税额幅度。③ 五是税收减免。国家机关、人民团体、军队自用的土地，由国家财政部门拨付事业经费的单位自用的土地，宗教寺庙、公园、名胜古迹自用的土地，市政街道、广场、绿化地带等公共用地，直接用于农、林、牧、渔业的生产用地等应当免税。④

（四）土地增值税

土地增值税是指转让国有土地使用权、地上的建筑物及其附着物时，针对土地价格增长额所征收的税种。⑤ 该税收的目的主要是规范土地、房地产市场交易秩序，以及合理调节土地增值收益。⑥ 通过调节土地增值收益，国家对土地资源的所有权得以体现，在这个过程中也会推动节约用地。现行税收主要内容如下：一是纳税义务人。土地增值税的纳税义务人是转让国有土地使用权、地上的建筑物及其附着物并取得收入的单位和个人。⑦ 二是税率。土地增值税实行四级超率累进税率：增值额未超过扣除项目金额 50% 的部分，税率为 30%；增值额超过扣除项目金额的 50%、未超过扣除项目金额 100% 的部分，税率为 40%；增值额超过扣除项目金额的 100%、未超过扣除项目金额 200% 的部分，税率为 50%；增值额超过扣除项目金额 200% 的部分，税率为 60%。⑧ 三是免征土地增值税。土地增值税免征情况如下：纳

---

① 参见《城镇土地使用税暂行条例》第 3 条。
② 参见《城镇土地使用税暂行条例》第 4 条。
③ 参见《城镇土地使用税暂行条例》第 5 条。
④ 参见《城镇土地使用税暂行条例》第 6 条。
⑤ 参见《土地增值税暂行条例》第 2 条。
⑥ 参见《土地增值税暂行条例》第 1 条。
⑦ 参见《土地增值税暂行条例》第 2 条。
⑧ 参见《土地增值税暂行条例》第 7 条。

税人建造普通标准住宅出售，增值额未超过扣除项目金额20%的；因国家建设需要依法征用、收回的房地产。[①]

三 与资源利用相关的费用

在工业发展过程中，除了对矿产资源、土地资源等自然资源的利用行为征收税收之外，我国还征收了一些与之相关的费用，主要如下。

（一）探矿权采矿权使用费

征收探矿权采矿权使用费是实现国家矿产资源所有权益的一种重要方式。在我国，勘查和开采矿产资源者作为缴费主体。由于探矿工作存在着一定的风险和不确定性，为鼓励更多的单位参与，其征收标准相对较低，而对于有针对性的采矿活动，则使用费标准会相对较高。探矿权使用费以勘查年度计算，按区块面积逐年缴纳，第一个勘查年度至第三个勘查年度，每平方公里每年缴纳100元，从第四个勘查年度起每平方公里每年增加100元，最高不超过每平方公里每年500元。采矿权使用费按矿区范围面积逐年缴纳，每平方公里每年1000元。[②] 与资源税相比，主要针对矿产勘探、使用行为征收，其征收标准相对固定，依据矿区面积按年征收，不会过多考虑矿产资源的价格及销量问题。

（二）矿产资源补偿费

在对部分资源征收资源税的同时，我国还征收了矿产资源补偿费。征收此税的目的是采矿权人因开采消耗了属于国家所有的矿产资源而对国家的经济补偿，是矿产资源有偿开采和维护国家财产权益的重要体现。[③] 目前，计征矿产资源补偿费的矿产品是以公开交易市场价格销售的原矿或者选矿（初加工）产品，主要包括锰矿、铜矿、钨矿、镍矿、金矿、钾盐、石墨、地热、矿泉水等的原矿或精矿。考虑

---

① 参见《土地增值税暂行条例》第8条。
② 参见《探矿权采矿权使用费和价款管理办法》第5条。
③ 参见《矿产资源补偿费征收管理规定》第1条；《国土资源部关于进一步规范矿产资源补偿费征收管理的通知》。

到矿山开采回采率高低直接反映矿产资源的开发利用水平,其收费标准中将其作为重要考量因素,充分发挥了开采回采率系数的引导和调节作用,具体计算方式为:矿产资源补偿费征收金额=矿产品销售收入×费率×开采回采率系数(核定开采回采率与实际开采回采率之比)。因此,开采回采率系数小于1,会相应少缴费,反之则多缴。① 对于从废石(矸石)中回收矿产品,以及按规定开采已关闭矿山的非保安残留矿体的采矿权人可以免缴相关费用。对于从尾矿中回收矿产品,开采未达到工业品位或者未计算储量的低品位矿产资源,开采水体下、建筑物下、交通要道下的矿产资源的,以及由于执行国家定价而形成政策性亏损的采矿权人可以减缴相关费用。② 从2014年12月起,我国将煤炭、原油、天然气矿产资源补偿费费率降为零。③ 矿产资源补偿费与资源税的主要区别有:一是目的不同。征收资源税主要用于调节矿山开采者之间的级差收益,确保公平竞争和有序开采相关资源,而开征矿产资源补偿费主要调节矿产资源所有者和利用者之间的关系,主要对所有权主体进行经济性补偿。二是性质不同。矿产资源费属于国家的行政性收费,由地矿行政部门征收,而资源税则属于税收政策,由税务机关征收。

(三)石油特别收益金

石油特别收益金主要针对石油开采企业销售国产原油因价格超过一定水平所获得的超额收入按比例征收的收益金。现阶段,在我国独立开采并销售原油的企业,以及以合资、合作等方式开采并销售原油的其他企业,作为缴费主体。从2006年起,我国开始对原油价格超过40美元/桶所获超额收入,按5级超额累进从价定率的方式,征收石油特别收益金,按月计算、按季缴纳,征收比率为20%—40%。④ 随后,收益金的起征点经过两次调整。2011年调整至55美元/桶。2015年调整至65美元/桶。起征点虽然两次调整,但征收思路一直未

---

① 参见《国土资源部关于进一步规范矿产资源补偿费征收管理的通知》。
② 参见《矿产资源补偿费征收管理规定》第12条、第13条。
③ 参见《关于全面清理涉及煤炭原油天然气收费基金有关问题的通知》。
④ 参见《财政部关于印发〈石油特别收益金征收管理办法〉的通知》第7条。

变,依旧按照5级超额累进从价定率计征。与资源税相比,石油特别受益金类似于国际上的"暴利税",会随着国际石油价格及企业收益情况进行相应调整,而资源税的税率相对稳定,受国际因素干扰不大。

四 资源税存在的问题

(一) 征收范围过窄

矿藏、土地、水流、森林、草原等自然资源与工业发展密切相关。工厂建设往往会占用土地资源,而生产活动则需要矿产、水、木材等工业原料。1984年我国开始对矿产资源征税,最初仅有原油、天然气、煤炭、金属矿产品和其他非金属矿产品。目前征税范围已经扩大至原油、天然气、煤炭、其他非金属矿原矿、黑色金属矿原矿、有色金属矿原矿、盐七种资源产品。但是遗憾的是,与发达国家相比,我国征收范围依旧过窄,尚未对水资源、森林资源等自然资源的利用行为征税。基于此,《关于全面推进资源税改革的通知》提出了扩大资源税征收范围的改革思路,提出在水资源、森林、草场、滩涂等使用方面征收资源税。

(二) 征收标准过低

现阶段,我国资源税的税额主要有从价定率和从量定额两种方法,其中大部分自然资源按照从量方式征收资源税。存在的问题是,不管是自然资源的销售量,还是自然资源的销售价格,都无法反映出自然资源在整个生态系统中的价值。如果未能将自然资源养护及修复价格考虑在内,资源税将很难从可持续发展的角度对自然资源开采和利用行为加以规范。即使现阶段我国很多自然资源相对丰富,但不少资源都是不可再生的,低价利用很难对消费者产生有效激励,浪费问题会依旧存在。长此以往,一些自然资源将会由丰富变为稀缺,工业发展的资源红利会消失殆尽,这样反而会增加生产成本,削弱工业发展的竞争力。

(三) 地方缺少灵活性

自然资源通常都会依附于土地,在空间分布上相对固定。从行政区划角度讲,自然资源往往会处于某一个地方政府辖区内。因此,地方政府对于当地自然资源的开采利用及养护起着举足轻重的作用。但是,现有资源税法并未妥善处理好中央政府与地方政府的关系,在税率设计方面给予地方的自主权并不够。目前,"除海洋原油天然气资源税外,其他资源税均为地方收入,但地方政府仅对少数矿产品的具体适用税率有确定权,多数矿产品的税率均由中央统一确定,地方政府不能因地制宜、因时制宜完善相关政策,不利于调动其发展经济和组织收入的积极性"[1]。

(四)税费制度不协调

目前,对矿产品及石油资源的开采利用活动,除了资源税外,我国还征收了探矿权使用费、采矿权使用费、矿产资源补偿费、石油特别收益金等。基于前文分析,虽然各种税费都有其设立的目的,但是影响是类似的,都会增加矿产资源开采及使用活动的额外费用,进而加重消费者负担,从一定程度上激励消费者节约资源。值得注意的是,现有税费名目过多,而且管理机构并不统一,资源税由税务部门征收,相关费用则由资源行政主管部门征收,计征依据也差别较大。由此导致税费重叠问题严重,不仅增加了企业负担,而且会增加政府行政监管及征收成本。

第二节 与能源利用相关的税收

工业作为能源消耗的主要领域,对能源利用活动进行相应的税收管制,可以激励企业节约能源,确保能源的持续利用并缓解相应的环境污染问题。在整个能源体系中,油气、煤炭等一次能源属于自然资源范畴,主要应用于以下领域:一方面,少部分煤炭及石油作为原材料,应用于化工领域;另一方面,大部分能源作为燃料,为工业发展

---

[1] 参见《财政部答记者问:为何要资源税改革:目前征税范围偏窄》,2016年5月,新华网(http://news.xinhuanet.com/fortune/2016-05/10/c_128974134.htm)。

提供动力来源。为避免重复，本节侧重讨论煤炭、石油等作为燃料使用的相关税收问题。在我国能源消费构成中，煤炭、石油等化石能源占绝对优势，而工业又是化石能源消耗的主要领域，与之相关的税收都会或多或少地影响到工业发展。因此，本节重点讨论煤炭、石油、天然气、电力的税收管制问题。

一　煤炭

（一）煤炭利用改革方向及进展

近些年，国家高度重视煤炭清洁高效利用工作，将其提升至新的战略高度。习近平总书记在中央财经领导小组第六次会议上指出："推动能源生产和消费革命是长期战略，必须从当前做起，加快实施重点任务和重大举措，大力推进煤炭清洁高效利用，着力发展非煤能源，形成煤、油、气、核、新能源、可再生能源多轮驱动的能源供应体系，同步加强能源输配网络和储备设施建设。"李克强总理在新一届国家能源委员会首次会议上要求："积极推进电动车等清洁能源汽车产业化，加快高效清洁燃煤机组的核准进度，对达不到节能减排标准的现役机组坚决实施升级改造，促进煤炭集中高效利用代替粗放使用，保护大气环境。"

1. 相关法律政策进展

近期，国家出台了一系列相关政策措施。2014年6月发布的《能源发展战略行动计划（2014—2020年）》提出："制定和实施煤炭清洁高效利用规划，积极推进煤炭分级分质梯级利用，加大煤炭洗选比重，鼓励煤矸石等低热值煤和劣质煤就地清洁转化利用。"该计划明确提出了一种新的煤炭利用方式：分级分质梯级利用。2015年2月发布的《工业领域煤炭清洁高效利用行动计划》提出通过技术改造、煤化工结构优化升级、区域产业衔接融合等措施推进工业煤炭清洁高效利用。2015年4月发布的《煤炭清洁高效利用行动计划（2015—2020年）》更是从指导思想、主要任务和目标、重点工作、保障措施等方面，对近一段时期的煤炭清洁高效利用工作进行了系统部署。此外，《"十三五"规划纲要》《关于促进煤炭工业科学发展的指导意见》《关于促进煤炭安全绿色开发和清洁高效利用的意见》等政策也或多或少地提及煤炭清洁高效利用问题。

由此可见，国家已经将煤炭清洁高效利用工作与发展新能源放在同等重要的位置上，提出通过建设煤电大基地大通道、构建煤炭质量管理体系、发展现代煤化工、淘汰落后产能、加强散煤治理、进行煤炭分级分质梯级利用等方式，推进煤炭清洁高效利用。

2. 存在的问题

在煤炭利用方面，之所以存在诸多问题，与相关法律政策不健全存在着一定联系。当前，国家虽然出台了一系列相关政策，有力推进了煤炭清洁高效利用，但仍存在着一些不足，主要如下。

(1) 法律政策体系不完善

《煤炭法》作为规范我国煤炭利用的基本大法，理应对煤炭开采、流通及利用工作进行系统规定。但遗憾的是，该法仅规定了煤炭开采、运输及经营等问题，却未涉及用煤问题。工业生产及发电作为煤炭消耗的主要领域，但与之相关的《清洁生产促进法》《电力法》等法律却只字未提煤炭利用问题。新修订的《大气污染防治法》对煤炭洗选、洁净煤技术研发及应用、进口煤炭标准、散煤燃烧等清洁用煤事项进行了规定，但是受制于该法调控的对象，其重点在于清洁用煤，而非高效用煤。可以说，在法律层面，关于用煤方式转变特别是高效用煤的规定相对欠缺。与法律相比，政策制定相对简单，也更容易出台。近些年，国家虽然出台了一大批有关煤炭清洁高效利用的政策，但是多为综合性、宏观性或战略性的工作部署，缺少可操作性的具体规定，在矿区环境保护、煤炭价格形成、煤炭分级分质梯级利用、以电代煤、散煤治理等重点领域，相关规定过于笼统，工作难以落实到位。再者，作为指导煤炭产业发展的标准体系也不健全，尤其缺少与洁净型煤质量、煤炭装卸运输储存、节能环保炉具等相关的标准。

(2) 定价机制不健全

在我国，自然资源所有权属于国家和集体。《宪法》第9条第1款规定："矿藏、水流、森林、山岭、草原、荒地、滩涂等自然资源，都属于国家所有，即全民所有；由法律规定属于集体所有的森林和山岭、草原、荒地、滩涂除外。"煤炭作为一种重要的自然资源，属于国家所有，实践中主要由地方政府代表国家行使权力。但由于相关管理体制尚不健全，特别是定价机制不科学，阻碍了煤炭的自由流通及优化配置。现阶段，我国尚未形成以市场为导向的煤炭价格形成机制，现行的煤炭价格偏低，既没有如实反映出其作为资源的稀缺性，也没有反映出其开采利用过程中的环境损害及生态修复成本。比如，依据《资源税暂行条例实施细则》，焦煤的税率仅为 8 元/吨、其他煤炭的税率为 2—4 元/吨。在短期利益的驱使下，不管是煤炭的开采者，还是利用者，都很难有节约用量及改进相关技术和装备的动力，导致煤炭利用浪费问题突出。

（3）正向激励不足

在现阶段，绿色消费尚未形成主流消费理念。消费者关注的重点是产品价格，而非生产过程的绿色投入。实践中，普遍存在粗放用煤成本低、清洁用煤成本高的问题。比如，当前国家虽然在大力推广"以电代煤"工作，但由于电价相对较高，不少农村地区在取暖季依旧倾向于用煤，为此国家也开展了相关工作部署，大力推广洁净型煤使用并进行了补贴，即便如此，与传统散煤相比，其价格依旧较高，推广应用效果并不理想。因此，开展煤炭清洁高效利用工作，有必要弥补企业及个人的额外环保投入。但是遗憾的是，不少从事煤炭清洁高效利用的企业收益甚微，甚至出现严重亏损，这与我国现行的财税政策体系存在着一定联系。在国家推行该项工作的同时，不少财税金融政策尚未考虑到煤炭清洁高效利用产业的特殊性。由此导致，一些财税金融措施不但没有降低煤炭清洁高效利用企业的成本，反而增加了其运营负担。例如，针对石油征收消费税时，并未将以煤为原料的煤制油除外，较高的税赋对此类企业冲击较大，使其经营"雪上加霜"。

（4）相关规定之间存在冲突

煤炭分级分质梯级利用是煤炭清洁高效利用的一种重要方式，国家出台了《煤炭清洁高效利用行动计划（2015—2020 年）》等一系列支持政策。这样做不仅可以延长产业链和增加企业收益，而且有助于提高能源利用效率和减少污染物排放。运用先进的煤炭分级分质梯级利用技术对低阶煤进行加工，大约可以产出70%的提质煤、10%的煤焦油、10%的煤气，大幅度提高了煤炭利用效率及附加值。目前，一些企业的煤炭分级分质梯级利用技术已经实现产业化。这类企业开展的业务虽然是以煤为原料的深加工、并未烧煤，但是也遇到过一些尴尬局面，依据某些省市的限煤或控煤政策，却要与燃煤企业一样受制于煤炭配额，造成这些企业用煤配额不足、无法满产，导致亏损严重，在一定程度上阻碍了新技术的产业化应用。

3. 推进煤炭清洁高效利用的法律政策建议

（1）完善法律政策体系

完善的法律政策体系应该是法律、政策、标准分层次、相配套、相衔接的系统。国家既然已经将煤炭清洁高效利用问题提升至新的战略高度，就需要通过法律政策去推动落实。在法律层面，建议修订《煤炭法》，增加煤炭清洁高效利用的内容，重点明确煤炭清洁高效利用的法律地位、具体方式、政策支持等事项，同时强化程序性规定，为相关工作开展提供充足的法律保障。在政策层面，建议重点完善和细化工业用煤、以电代煤、散煤治理、煤炭分级分质梯级利用等领域的相关政策，增强系统性和可操作性，便于推动落实相关工作。在标准层面，建议充分发挥其引领和带动作用，重点完善煤炭销售质量标准和流通管理标准，出台煤炭分级分质梯级利用标准，严格规范煤炭生产、销售、流通及使用工作。特别是，需要提出严格的煤品销售和流通标准，加强低阶煤入市源头控制，除特殊领域外，低阶煤只有在提质后才允许在市场上流通和销售。

（2）探索改进定价机制

党的十八届三中全会提出，要加快自然资源及其产品价格改革，全面反映市场供求、资源稀缺程度、生态环境损害成本和修复效益。此战略部署同样指明了煤炭价格的改革方向。在规范煤炭使用方面，需要发挥法律政策的引导和调控作用，完善煤炭定价机制，使价格可以合理反映供需关系以及其利用产生的生态环境影响。其中，与煤炭利用相关的资源税收尤为重要。通过税收价格指引，可以调节煤炭的开采、生产及消费行为。建议进一步提高资源税税率，税收在体现煤炭经济价值的同时，其生态价值也应当得以体现。这样做，在实现国家煤炭资源收益权的同时，也可以为煤矿生态环境修改筹集到必要资金。此外，还需要完善与煤炭利用相关的生态补偿机制，进一步拓宽生态环境治理资金的融资渠道。

（3）加大财政支持力度

为进一步推进煤炭清洁高效利用工作，在运用相关措施严控粗放用煤的同时，更需要出台鼓励清洁用煤的政策措施。建议通过政府基金、绿色信贷、绿色债券、财政贴息等方式，加强对煤炭清洁高效利用企业的支持，弥补额外环保支出，进而降低其运营成本。同时，有必要设立财政专项，引导煤炭利用企业延长产业链条，充分挖掘煤炭价值，提高提质煤及石油、天然气等相关产品的有效供给。此外，也要从需求侧发力。通过专项资金，重点支持"以电代煤"以及燃煤电厂超低排放和节能改造工作，降低企业和居民的用电成本，提高清洁高效煤电生产及消费占比。

（4）推动相关制度间的协调

当前，国家对煤炭利用战略做了一定调整，出台了一系列相关政策措施。在新旧政策交替阶段时期，需要特别注意制度协调问题，对现有政策进行梳理和调整，减少和避免政策冲突。在政策调整的过程中，重点要对煤炭分级分质梯级利用企业和燃煤企业进行区别对待。煤炭分级分质梯级利用企业，主要将低阶煤作为原料而非燃料，进行深加工后，产出品主要是提质煤、煤焦油和煤气，与传统低阶煤相比，这些产出品更加高效、清洁，附加值也随之提高。这些煤炭深加工企业应属于环保型企业范畴。因此，用于规范燃煤企业的限制性措施不应适用于此类企业。另外，对以煤炭为原料制取的石油和天然气，也应有别于传统能源，建议减少相关税费，进而拓宽此类企业的发展空间。

（二）与煤炭利用相关的税收

我国煤炭资源丰富，但也有少量进口。海关总署数据显示，2016年1—11月我国进口煤炭22869万吨，同比上升22.7%。在进口环节，我国对煤炭制品征收了17%的增值税。① 此外，我国还对煤炭制品征收了关税，现行税率为无烟煤3%、炼焦煤3%、炼焦煤以外的其他烟煤6%、其他煤5%、煤球等燃料5%的最惠国税率。②

在煤炭利用领域，销售煤炭的居民企业需要缴纳25%的企业所得税，非居民企业适用20%的税率。③ 同时，还需要缴纳17%的增值税。④ 煤制油项目则需要缴纳相应的消费税，现阶段用煤炭制取的汽油、石脑油、溶剂油和润滑油的消费税为1.52元/升，柴油、航空煤油和燃料油的消费税为1.2元/升。⑤ 据估算，煤制油单位完全成本约5200元/吨，其中柴油消费税1411元/吨、石脑油2105元/吨，综合看营业税金及附加费约为1746元/吨，消费税占到成本的近30%。⑥ 由于煤制油项目受到国际油价及国内煤价的双重影响，目前国际油价下跌，但国内煤价依旧处于高位，在一定程度上削弱了该产业的竞争力。为支持煤制油产业发展，相关部委建议给予煤制油示范项目消费税免征5年的优惠政策，并已上报国务院。⑦

除税收外，我国还围绕煤炭征收了大量费用。与煤炭利用相关收费还有煤炭资源补偿费、探矿权使用费、采矿权使用费、水资源费、煤矸石排放费、矿井水排放费、矿山环境治理恢复保证金、煤炭价格调节基金、煤矿安全费用等政策性收费。

(三) 相关税收存在的问题

1. 税费名目众多

改革开放以来，我国煤炭产业发展迅速，但是针对该行业的税费却名目众多，而且相互之间协调性不强，已经成为制约煤炭行业健康持续发展的一大障碍。相关数据显示，截至2013年3月，我国涉煤

---

① 参见《增值税暂行条例》第2条。
② 参见《海关总署公告2014年第73号（关于调整煤炭进口关税税率的公告）》。
③ 参见《企业所得税法》第4条。
④ 参见《增值税暂行条例》第2条。
⑤ 参见《消费税暂行条例》。
⑥ 参见《煤制油示范项目将免征消费税》，《国际商报》2016年7月11日。
⑦ 参见《煤制油示范项目将免征消费税》，《中国化工报》2017年2月16日。

的税费不少于109项，除21个税种外，还包括矿产资源补偿费、探矿权及采矿权使用费、探矿权及采矿权价款、煤炭价格调节基金、铁路建设基金、水利建设基金、港口建设费、生态补偿基金、造林费、水土保持设施补偿费、水土流失防治费及各种协会会费等各种规费，据初步统计，不少于88项。①

2. 部分税收与现有改革相悖

由于我国尚未形成资源环境要素市场化机制，资源开采及环境利用的外部性难以内化，存在粗放用煤成本低、清洁用煤成本高的问题。在国家推动煤炭清洁高效利用的大背景下，相关税收未得到及时调整，尚未给予清洁高效用煤企业大幅度的税收优惠，正如上文提到的煤炭分质分级梯级利用企业依旧需要对其生产的石油缴纳较高的消费税，造成很多企业进入煤炭清洁高效利用领域的意愿不强，国家相关政策难以有效落地。

二 天然气

（一）天然气利用现状

1. 天然气消费量增长迅速

1978年我国GDP为3650.17亿元，到2016年增加至74.41万亿元。同期，我国能源消费量同样呈快速增长趋势，从5.7亿吨标准煤增加至43.6亿吨标准煤。近些年，天然气也一直保持着较快增速，2005—2016年，消费量从468亿立方米增长至2058亿立方米，增长3倍多。

2. 可利用的天然气类型增多

此前，受制于科技水平，我国开采的天然气主要是常规天然气。随着科学技术进步，煤层气、页岩气等非常规天然气得以大规模勘探和开采，非常规天然气消费量增长迅速。2015年全国页岩气勘查新增探明地质储量4373.79亿立方米，新增探明技术可采储量1093.45亿立方米。同年，页岩气产量44.71亿立方米，同比增长258.5%；地

---

① 参见《涉煤税费比"梁山好汉"还多》，《中国煤炭报》2013年3月8日。

面煤层气产量44亿立方米,同比增长17.0%。[①]

3. 天然气利用领域拓宽

我国天然气消费地主要集中在东部发达地区,而储藏地却主要集中在西部地区,具有一定的不平衡性。为满足天然气消费需求,我国加快了基础设施建设。"截至2016年11月24日,中国已建成8.8万公里天然气管道,覆盖了除西藏之外的所有省市;与此同时,中国已拥有12座LNG接收站,接收能力达到4800万吨/年。"[②] 在消费端附近,国家还大力建设地下储气库,截至2016年4月,中国已经建成18座,有效储气量达到55亿立方米。[③] 基于此,管道沿线城市随之受益,天然气消费领域越来越广,已经从传统的居家消费逐渐拓展到交通、工业和发电等领域。

(二) 天然气利用存在的问题

1. 价格市场化程度不高

在特定历史时期,天然被视为战略资源,相关业务主要由国有企业经营。由此导致,上游气源及中游管网几乎都掌握在国有企业手中,垄断经营的特征较为明显。"上游气源主要被中石油、中石化和中海油三大国有公司垄断控制,中游长输管网则被中石油和中石化垄断控制,并未与供气竞争性业务区分开来,使得管输费仍捆绑在燃气价格之中。"[④] 由于受到中游环节捆绑定价以及相关政策影响,天然气呈现差别定价特点:一方面,工商用户往往要承担比居民更高的用气价格,基于竞争考虑,工商用户消费天然气的意愿并不强;另一方面,不同区域的居民用气价格也存在差异,比如,北京市居民用气价格为2.28元/立方米,而上海的价格为3元/立方米。

---

① 参见《2015年中国煤层气产量44亿立方米》,2016年2月,国际煤炭网(http://coal.in-en.com/html/coal-2328510.shtml)。

② 参见《中国天然气发展最大瓶颈:地下储气库不足》,2016年11月,界面网([2016-11-30] http://www.jiemian.com/article/978811.html)。

③ 同上。

④ 景春梅、刘向东等:《城市燃气价格改革:国际经验与中国选择》,社会科学文献出版社2015年版,第8页。

2. 现实需求难以满足

在经济高速发展的过程中,我国对于天然气的需求增长较快,但由于国内气源严重不足,大量天然气需依赖进口。2015年,我国天然气消费量约为1910亿立方米,进口量为624亿立方米,增长4.7%,管道气和LNG进口量分别占56.7%和43.3%,对外依存度升至32.7%。[①] 由于供给存在缺口,我国明确了天然气利用先后顺序,管输气优先满足沿线城市居民,多余气源才供应到工商领域。[②] 虽然部分工商企业对天然气的需求较大,但是由于价格较高或者实际分配量较少,这些用户的现实需求很难得到满足。

3. 在一次能源中占比较低

现阶段,我国天然气消费占比虽然有所提升,但是依旧不高。2015年我国天然气仅占一次能源消费比重的5.62%,远低于23.7%的世界平均水平。综观全球,美国、欧盟等发达国家早已改变了以煤炭为主的能源结构,天然气在一次能源消费中的占比已经超过煤炭。在我国的一次能源构成中,煤炭仍占据主导地位,在一次能源构成中的比例超过六成,而天然气占比却不到一成。

(三) 天然气改革进展

1. 天然气体制改革的动力来源

相关研究表明,雾霾天气与我国长期以化石能源为主的能源结构存在着联系。我国富煤、少油、贫气,煤炭储量占到一次能源总量的90%以上,廉价的煤炭成为支撑我国经济发展的主要能源,2015年我国煤炭消费量为39.65亿吨,约占世界煤炭消费量的一半。[③] 与此同时,随着我国汽车保有量的快速增长和石油化工产业的发展,石油消费同样进入高速增长期。截至2015年年底,我国汽车保有量达到2.79亿辆。2015年,我国煤炭和石油分别占一次能源消费的64%和

[①] 参见《2015年国内外油气行业发展报告》(中国石油经济技术研究院)。

[②] 参见《天然气利用政策》。

[③] 参见《我国煤炭消费量占世界一半,煤炭行业依然困难重重》,《北京商报》2016年5月25日。

18.1%,两者所占比重超过80%。①

天然气属于清洁能源,提高其在我国能源结构中的占比,将有助于缓解大气污染问题。此前,天然气的垄断经营起到积极作用,短期内大量优势资源集中到天然气开采、管道建设及运营维护等领域,实现了集中开采和跨区域调度,大大提升了天然气在一次能源消费中的占比。随着天然气需求的迅速增长,垄断经营存在的问题逐渐显现,如价格倒挂、新气源难以入网、管网运力不足、地下天然气储气库匮乏。

按照国家提出的目标,现阶段天然气消费占比尚存在较大差距,可谓任重道远。因此,还需要继续推进相关改革,特别是要为天然气产业发展营造良好的制度环境。

2. 推动天然气改革的相关政策

党的十八届三中全会明确提出"使市场在资源配置中起决定性作用",充分表明国家深化经济体制改革的决心,对于推动天然气体制改革同样具有指导意义。近些年,国家频繁出台推动天然气改革的相关政策,主要如下。

2014年6月,国务院办公厅印发的《能源发展战略行动计划(2014—2020年)》提出到2020年,基本形成统一开放竞争有序的现代能源市场体系。由此可知,打破垄断将是我国能源体制改革的大方向。只有构建现代能源市场体系,才有助于调动各方参与的积极性,推动落实国家既定的天然气发展目标。

2015年5月,国务院批转的《关于2015年深化经济体制改革重点工作的意见》指出了天然气改革重点工作:一是研究提出天然气体制改革总体方案,放宽全产业链各环节准入;二是实现存量气与增量气价格并轨,理顺非居民用天然气价格,试点放开部分直供大用户供气价格。该意见对于推动天然气上游及中游环节开放,尤其是推动管网分离,具有重要的指导意义。

2015年10月发布的《中共中央、国务院关于推进价格机制改革

---

① 参见《2015年国民经济和社会发展统计公报》。

的若干意见》,对于完善能源价格形成机制具有重要的促进意义。意见明确指出,推进天然气价格改革,放开竞争性环节价格,充分发挥市场决定价格作用。同时,提出按照"管住中间、放开两头"总体思路,推进天然气价格改革,促进市场主体多元化竞争,稳妥处理和逐步减少交叉补贴,还原能源商品属性。此外,要求尽快全面理顺天然气价格,加快放开天然气气源和销售价格,建立主要由市场决定能源价格的机制。

2016年3月发布的《"十三五"规划纲要》也提出了涉及天然气改革措施:一是减少政府对价格形成的干预,全面放开竞争性领域商品和服务价格,放开天然气竞争性环节价格;二是面向社会资本扩大市场准入,加快开放天然气行业的竞争性业务;三是加强陆上和海上油气勘探开发,有序开放矿业权,积极开发天然气、煤层气、页岩油(气)。

除进行宏观政策引导外,国家还出台了专门调控天然气的政策措施,主要有《关于发展天然气分布式能源的指导意见》《天然气基础设施建设与运营管理办法》《关于加快推进储气设施建设的指导意见》《油气管网设施公平开放监管办法(试行)》《天然气管道运输价格管理办法(试行)》和《天然气管道运输定价成本监审办法(试行)》。

从上述政策来看,国家提出了明确的天然气改革目标及产业发展方向,对于天然气体制改革具有重要指导意义。

3. 天然气改革主要进展

(1) 放宽基础建设准入

基础设施建设及其利用效率在很大程度上决定着能否确保天然气的安全、稳定供应。随着改革推进,天然气基础设施建设的准入条件逐步放宽。最初主要由国有资本经营相关业务,随后外资进入了城市天然气基础设施建设领域,目前各类资本都可以参与纳入统一规划的天然气基础设施。此外,为打破管道经营者"各自为政"局面,提高天然气基础设施利用效率,国家开始鼓励和支持天然气基础设施相互连接。

（2）放开管网运输

在很长的一段时间内，我国天然气输气管道主要由国有企业垄断经营，入网天然气主要来自管道实际控制者。第三方气源虽然充足，但是却难以入网，长期存在下游天然气供给不足问题。为了调动上游企业的积极性，拓宽天然气来源，国家积极推进天然气管网改革，并取得重要进展。随着《油气管网设施公平开放监管办法（试行）》《天然气管道运输价格管理办法（试行）》和《天然气管道运输定价成本监审办法（试行）》等政策的出台，打破了油气管网垄断使用的局面，为第三方气源进入管网提供了依据。

（3）开放天然气发电

与火电相比，天然气发电具有建设周期短、运营模式灵活、污染排放少等优点。但由于我国天然气资源相对匮乏，其利用范围受到严格限制，在2007年之前，天然气发电项目是受限制的。随着气源的逐渐充足及相关改革推进，扫清了天然气发电障碍，从2012年开始，国家开始鼓励和支持天然气发电工作。依据最新的《天然气利用政策》，煤层气（煤矿瓦斯）发电项目、天然气热电联产项目属于优先的天然气利用方式。

（4）鼓励煤制天然气

2014年全国煤炭探明储量为14842.9亿吨，低阶煤占比近60%。由于低阶煤处于低变质阶段，富含挥发分、水分和氧气，直接燃烧或气化，不仅效率低下，而且会排放大量污染物。在低阶煤清洁高效利用方面，不少国内企业进行了积极尝试，其中以低温热解分质分级利用技术为代表的现代煤化工技术逐步成熟。据估算，我国每年约消耗低阶煤20亿吨，若对其进行低温热解分质分级梯级利用，大约能生产0.84亿吨天然气，约为同年进口天然气的3倍。随着相关技术的成熟，国家密集出台政策支持低阶煤分质分级梯级利用。2015年4月，国家能源局发布的《煤炭清洁高效利用行动计划（2015—2020年）》首次提出将分质分级、能化结合、集成联产作为新型煤炭利用方式，这也是本次行动计划中唯一的新型煤炭利用方式。科技部发布的《关于发布国家重点研发计划高性能计算等重点专项2016年度项目申报指南的通知》更是将"煤炭清洁高效利用和新型节能技术"列入10个重点专项之一。同时，该技术也是"十三五"规划实施的100个重大工程及项目。这些政策推动了煤炭清洁高效利用，进一步拓宽天然气来源。

(5) 鼓励外商参与

一是放宽外商投资准入。最初，《外商投资产业指导目录》（2007年版）尚未向外商放开天然气项目。2011年修订版将天然气的风险勘探、开发以及页岩气、海底天然气水合物等非常规天然气资源勘探、开发向外资开放，但仅限于中外合资和中外合作方式。2015年目录再次修订，将中外合资和中外合作范围扩大至天然气及非常规天然气的勘探、开发和矿井瓦斯利用。二是简化中外合作审批程序。在很长一段时间内，中外企业合作开发天然气需要经过严格审批。2013年5月，商务部取消了对石油、天然气、煤层气对外合作合同的审批工作。该举措进一步简化了审批手续，调动了中外企业合作的积极性。三是鼓励外商投资天然气项目。从2002年起，外商从事投资额大、回收期长的天然气项目，除依照有关法律、行政法规的规定享受优惠待遇外，可以扩大与其相关的经营范围。

(6) 开展天然气交易试点

建设天然气交易中心有助于培育和壮大能源要素市场，还原天然气商品属性，推动提升天然气消费占比。目前，国内不少油气交易中心都在从事天然气现货交易业务。其中，上海石油天然气交易中心和重庆石油天然气交易中心最具代表性。这两个中心整合了天然气产业链上下游的一些龙头企业，对于完善天然气市场价格形成机制具有重要的促进作用。

(四) 天然气体制改革存在的问题

相关政策的出台及改革的推进，大幅提升了天然气在能源结构中的占比，但是在天然气体制改革过程中依旧存在不少问题，主要如下。

1. 出台的新政虽多，但落实较为困难

近些年，国家出台了与天然气开采、运输、经营等相关的一系列政策，但由于不少规定往往过于笼统，缺乏配套性措施，实施效果并不理想。比如，依据《油气管网设施公平开放监管办法（试行）》，油气管网设施运营者向其他市场主体开放的前提是油气管网设施有剩余能力，但由于缺少有关剩余能力的客观判断标准及监管措施，管网设施是否对外开放往往受到管道拥有者主观意志左右。现实中，油气管网经营者通常也经营天然气业务，基于竞争考虑，往往会排挤竞争者，不会轻易让第三方的天然气进网；即使允许第三方天然气进网，在缺少明确定价标准的情况下，会出现随意定价问题，结果是其他市场主体出网后的天然气价格过高，市场竞争优势将会牢牢把持在管道拥有者的手中。这些规定的初衷是好的，指明了天然气改革的方向，但由于缺乏必要的实施依据及相关程序，往往难以落地。

2. 天然气勘探和开采开放力度不够，难以确保充足的气源保障

近些年，通过下放或取消与天然气勘探和开发相关行政审批事项，反映出国家对于拓宽天然气来源工作的重视程度在提高。比如，中外企业合作开发天然气不再需要向商务部备案。但值得注意的是，在天然气勘探、开采等拓宽气源的关键领域，仅有少数国有企业、中外合资或中外合作企业参与。对于民营资本而言，国家虽然放宽了限制，但所能参与开发的多是煤层气、页岩气等非常规天然气，常规天然气开采依旧较为封闭。由于天然气开采工作的参与主体较少，很难拓宽新的天然气来源。

3. 天然气输配尚未分离，阻碍海外廉价天然气进入

在天然气基础设施中，管网起着跨空间调配天然气的重要作用。然而，由于天然气尚未实现输配分离，导致销售逐渐形成了一种相对垄断的经营模式，即天然气管网经营者往往会买断上游气体，随后气体进入管网进行调度和销售，主动权主要掌握在管网经营者的手中，上游企业几乎没有选择下游用户的权利。近些年，随着《天然气基础设施建设与运营管理办法》《油气管网设施公平开放监管办法》等政策出台，为第三方使用天然气管网提供了政策依据。然而，现实操作中，LNG接收站对外开放并不到位，第三方购买的国外廉价气源很难进入国内市场。

4. 参与天然气交易的主体过于单一，难以形成强有力的竞争优势

在天然气交易中心建设方面，很多地方都进行了有益尝试，积累了一些经验。但是由于天然气相关改革正在推进，改革红利正在陆续释放。而目前尚未形成完全自由竞争的天然气交易市场，参与交易的主体并不多。虽然我国已经建立了一些天然气交易平台，为相关主体提供了更加便利化的服务，但是依旧只有为数不多的卖方和买方在交易中心进行交易。因此，这些平台的交易量尽管很大，但是由于参与主体过于单一，很难形成公允的定价机制，在全球性和区域性的天然气市场中的影响力还比较小。

（五）关于推进天然气体制改革的建议

1. 完善配套措施，推动相关政策顺利落地

现有政策落实情况，在一定程度上决定我国天然气改革步伐。比如，目前国家虽然已经明确要求管网设施拥有者在有剩余能力的情况下向第三方开放管网以及允许第三方申请注册天然气交易中心等，但是仅按照现行较为抽象的规定，执行效果并不好，很多改革措施难以落实到位。为推动相关法律政策落地，还需要出台具体规定，明确天然气参与主体的责、权、利，完善配套性法律政策，尤其是操作程序和相关标准，同时赋予监管部门职责，做到有法可依、有法必依、执法必严、违法必究，推动相关改革落实到位。

2. 有序放开天然气开采，进一步拓宽天然气来源

通过开采天然气，可以增加本土气源供给，缓解对外依存度过高的问题。现阶段，我国天然气开采领域开放度并不高，主要由中石油、中石化、中海油等为数不多的国有企业经营，当然也有一些外资企业及民营企业进入开采领域。由于天然气开采投资大、风险高，在缺少充分竞争的情况下，占而不勘、勘而不采问题突出。为拓宽天然气来源，建议放宽开采准入，鼓励其他市场主体，特别是民营企业参与天然气开采工作。同时，打造信息分享平台和交易机制，推动探矿权和采矿权自由流转。

3. 推进管网独立，重构天然气输配秩序

天然气改革最为关键的一环在于向第三方开放管网设施。只有实

现管网独立,才能打破输配环节的利益链条,解决天然气管网拥有者和经营者混同的问题,扫除新气源入网的制度障碍,提高第三方参与天然气业务的积极性。目前,我国在按照"管住中间、放开两头"的思路,推进天然气体制改革,管网设施独立将是大势所趋。建议尽快设立专门的管网运营机构,实现输配分离,同时推动管网的互联互通,提高管网运营的独立性和公平性,进而提高管网利用效率。此外,加快天然气计价方式改革,将由体积计价和重量计价向热值计价转变,解决不同形态管输天然气的流通置换难问题。①

4. 完善天然气交易体制,营造公平竞争环境

通过建设天然气交易中心,可以拓宽天然气采购渠道,对于保障国家能源安全和确保天然气可持续供应具有重要推动作用。在市场交易方面,我国起步较晚,还在逐步积累经验。虽然我国已经在重庆和上海两地建成了具有代表性的交易中心,但还存在着不少问题。为推动天然气市场价格机制的形成,在国际市场上发挥更多的话语权,提出如下建议:一是放宽审批条件,鼓励民营企业建设天然气交易中心,充分发挥国有及民营各自的优势,进一步盘活交易市场;二是鼓励更多的市场主体参与平台交易,探索基于市场的天然气交易价格形成机制;三是在立足国内市场的同时,更要放眼国际市场,争取用五到十年时间打造出一个在全球具有影响力的交易中心。

(六) 天然气税收政策

我国对天然气消费需求较大,但国内产量不足,需要大量进口。在进口环节,我国对进口天然气的单位和个人征收13%的增值税。②为了满足国内天然气需求,我国多次对进口天然气的税收优惠问题进行调整,出台了《关于对2011—2020年期间进口天然气及2010年底前"中亚气"项目进口天然气按比例返还进口环节增值税有关问题的通知》《关于调整进口天然气税收优惠政策有关问题的通知》《关于调整享受税收优惠政策的天然气进口项目的通知》《关于调整进口天

---

① 于文轩:《中国能源法制导论——以应对气候变化为背景》,中国政法大学出版社2016年版,第24页。

② 参见《增值税暂行条例》第2条。

然气税收优惠政策有关问题的通知》《关于调整进口天然气税收优惠政策有关问题的通知》《关于调整享受税收优惠政策的天然气进口项目的通知》等文件。依据上述规定，从事天然气进口业务的天然气公司，可以享受按比例返还进口增值税的相关税收优惠，"2013年中石油共获增值税返还70.88亿元，仅这项就占到了天然气与管道板块利润的25%"[1]。在此过程中，不少国有公司享受到政策优惠，比如，中国石油化工股份有限公司天然气分公司广西天然气销售营业部从2016年3月25日起开始享受相关政策。

在生产、运输及使用环节，也有一系列相关税收。在生产环节，最初天然气企业提供的从地质普查、勘探开发到天然气销售的一系列生产过程所发生的劳务，应缴纳17%的增值税。[2] 同时，销售天然气的居民企业需要缴纳25%的企业所得税，非居民企业适用20%的税率。[3] 在运输环节，为支持天然气的跨区域调配，国家给予了一定的税收优惠，比如对西气东输管道运营企业执行15%的企业所得税税率，从开始获利的年度起，第一年和第二年免征企业所得税，第三年至第五年减半征收企业所得税；西气东输项目上游开采天然气中外合作区块缴纳矿区使用费，暂不缴纳资源税。[4] 在消费环节，为鼓励适用天然气，我国暂未对天然气未征收消费税。

(七) 存在的问题

1. 税收过重

截至2015年年底，我国天然气在我国能源消费中的占比仅为5.8%。在此基础上，国家提出了2020年达到10%的目标。与传统能源相比，天然气更加清洁，在工业领域推广应用，会助推绿色发展。但我国天然气进口已经存在"价格倒挂"问题，进口相对较高。再加上对增值税、企业所得税等税收，其利用成本与传统能源相比，并无

---

[1] 参见《进口天然气与国内天然气价格严重倒挂》，2014年10月，中研网（http://www.chinairn.com/news/20141016/125814335.shtml）。

[2] 参见《油气田企业增值税管理办法》第3、5条。

[3] 参见《企业所得税法》第4条。

[4] 参见《财政部、国家税务总局关于西气东输项目有关税收政策的通知》。

优势，在绿色消费尚未形成主流消费理念的现阶段，不利于推广应用。

2. 优惠政策不均衡

"本世纪以来，我国天然气消费以年均15%的速度快速增长，国产资源已不能满足市场需求，进口数量逐年增加，进口天然气销售价格严重倒挂。"① 通过进口增值税返还，弥补了过高的天然气进口价格，对于拓宽新气源具有重要的推动作用。但值得注意的是，国有企业与国外天然气公司签订的进口协议往往是中长期购销协议，采购价格相对固定，即使加上国家的相应税收优惠，也难以降低进口成本。与之相比，民营企业更加灵活，可能会采购更为廉价的海外天然气，若能同时享受到相应的进口税收优惠政策，则可以拓宽天然气来源，进而降低国内销售价格。但现实是，民营企业很难享受到该项优惠，在国内的竞争优势并不明显，导致其积极性并不高。

三 石油

（一）石油利用的改革方向及进展

石油作为支撑我国经济发展的重要化石能源和工业原料，对经济发展起着举足轻重的作用。2015年，我国石油表观消费量5.47亿吨，占国内能源消费总量的18%。② 在一定的时期内，我国的石油需求仍旧会保持稳定增长。

目前，国家正在朝着确保供给安全，推动形成市场化机制，以及引导清洁高效利用的方向去开展相关改革。为此，国家也出台了《能源发展"十三五"规划》《石油发展"十三五"规划》《石化和化学工业发展规划（2016—2020年）》等文件。常规油气勘探开发体制改革率先在新疆启动试点，勘探开发和基础设施建设领域混合所有制试点稳步推进，投资主体进一步多元化；初步组建起行业监管队伍，基础设施第三方公平开放开始实施；原油进口权逐步放开，期货市场

---

① 参见《非居民用存量天然气下月涨价》，《大河报》2014年8月13日。
② 参见《石油发展"十三五"规划》。

建设加快推进，成品油价格形成机制进一步完善。[1] 在清洁高效利用方面，国家正在推动石油行业能效提升，以及油田伴生气回收利用工作，同时积极推进工业、交通和建筑等重点领域节能工作。但在石油利用的过程中，依旧存在不少问题。

1. 对外依存度过高

自2009年以来，我国的原油进口量已连续多年维持在2亿吨以上。2015年原油进口量创下2005年有记录以来的新高，达到3.33亿吨，对外依存度超过60%，已经逼近61%的红线。[2] 过高的对外依存度，对于我国能源安全构成了一定威胁。

2. 节能减排压力较大

在石油利用方面，与工业最为密切的是石油化工。在该产业发展的过程中，会产生废水、废气、固体废物及噪声污染等问题。近些年，该产业在节能减排方面取得明显成效，2011—2014年，全行业万元产值综合能耗累计下降20%，重点耗能产品单位能耗目标全部完成；2014年石化和化学工业万元产值化学需氧量（COD）、氨氮和二氧化硫（SO_2）的排放强度分别为0.43千克/万元、0.07千克/万元和1.79千克/万元，较2010年分别下降47.6%、40%和23.5%。[3]

3. 产业结构失衡

传统产品普遍存在产能过剩问题，聚氯乙烯、磷肥、氮肥等重点行业产能过剩尤为明显。以乙烯、对二甲苯、乙二醇等为代表的大宗基础原料和高技术含量的化工新材料、高端专用化学品国内自给率偏低，工程塑料、高端聚烯烃塑料、特种橡胶等高端产品仍需大量进口。[4]

（二）与石油利用相关的税收

在进口领域，很长的一段时间，我国在对原油及汽油征收17%的

---

[1] 参见《石油发展"十三五"规划》。
[2] 同上。
[3] 参见《石化和化学工业发展规划（2016—2020年）》。
[4] 同上。

增值税①的同时,还征收了关税,原油税率为16元/吨,汽油税率为9%。按照我国加入WTO的承诺,从2002年起,原油税率降至0,汽油税率降至5%。至此,结束了关税与增值税并存时期,对进口原油仅征收增值税。在对原油征收增值税的过程中,2007年随着国际石油价格上涨,我国炼油企业亏损严重,一度出现供应紧张。为扭转这种趋势,从2008年4月起,国家对中石油、中石化两大石油公司,实施了增值税先"先征后退"的政策,按照75%进行返还,据估算,2008年中石化获得近700亿元的补贴。②

在消费领域,销售石油的居民企业需要缴纳25%的企业所得税,非居民企业适用20%的税率。③此外,销售者还需要缴纳17%的增值税,以及消费税。石油及相关能源制品的消费税税率分别为:含铅汽油1.52元/升、无铅汽油1.52元/升、柴油1.20元/升、航空煤油1.20元/升、石脑油1.52元/升、溶剂油1.52元/升、润滑油1.52元/升、燃料油1.20元/升。④此外,在一定历史时期,我国还对从事石油销售业务的单位或个人,征收价格调节基金,按照增值税入库级次划分各单位收入的5%计征。其中,采矿业部分由地税部分征收,石油销售由国税部门征收。从2014年12月起,我国停止征收原油的价格调节基金。⑤

(三) 存在的问题

1. 税费体系过于复杂

在对能源利用工作进行调控的过程中,石油行业的税负要高于一般行业,但同时又是接受补贴最多的行业。⑥按照我国的成品油价格结构,油价中48%为各种税费。其中,消费税对于油价的影响最大。

---

① 参见《增值税暂行条例》第2条。

② 参见《中石油中石化进口成品油将享受增值税先征后退》,《新京报》2008年4月22日。

③ 参见《企业所得税法》第4条。

④ 参见《消费税税目税率表》(2016年版)。

⑤ 史丹:《我国能源行业财税政策及税费水平的国际比较》,中国社会科学出版社2016年版,第38页。

⑥ 同上书,第180页。

据卓创数据显示:"在当前国际原油低于每桶40美元的现状下,若成品油零售价格不变,消费税每上调0.1元/升,税负占比相应增加2%左右,因此在目前油价的形势下,一旦成品油消费税比例上调,成品油税负比例将再度刷新高位。"① 与之相比,我国在煤炭行业中仅有煤化工项目需要缴税消费税,天然气无须缴纳。在征收高税收的同时,国家又给予了相关产业一定的补贴。相关数据显示,2016年前三季度中石油共收到政府补贴35.92亿元。②

2. 对特定产业调节不够

在石油化工领域,已经出现了严重的结构失衡问题,低端产能严重过剩,而高端产能却明显不足。特别是产能过剩问题的存在,造成了大量的石油资源浪费,同时也对污染治理带来了严峻挑战。在产业结构调整方面,对于聚氯乙烯、磷肥、氮肥等严重过剩的产业,重税措施运用显得较为欠缺;对于乙烯、对二甲苯、乙二醇、塑料及特种橡胶等急需发展的产业,税收减免政策运用却不够充分,很难鼓励更多企业参与研发及生产工作。

3. 相关政策落实不到位

在调节石油消费方面,我国出台了一大批税费政策。但是,由于部分措施的落实并不尽如人意。比如,石油勘探开发工作一直是国家关注的重点,通过此项工作,可以拓宽原油来源,减少对外依赖。考虑到勘探工作投资大、风险高,国家出台了相应的税收优惠措施。《油气田企业增值税管理办法》第9条明确指出:"油气田企业为生产原油、天然气接受其他油气田企业提供的生产性劳务,可凭劳务提供方开具的增值税专用发票注明的增值税额予以抵扣。"但在实际操作中,受多种因素影响,从事勘探等业务的单位多非油气田企业,由于无法开具增值税专用发票,从而使企业对外支付的钻井作业、技术服

---

① 参见《成品油消费税改革喧嚣尘上油价中税费占比或过半》,《国际金融报》2016年2月19日。

② 参见《中石油获政府补贴超净利两倍:低油价持续业绩恐难乐观》,《证券日报》2016年11月3日。

务等生产性劳务无法进行进项税抵扣。[①] 由此导致该规定实施效果并不好。

四 电力

(一) 电力利用改革及进展

在能源供给方面,与化石能源直接燃烧相比,通过集中发电及供电,可以大幅度减少污染物排放。华能集团研究表明,电煤占煤炭利用的比例每提高1个百分点,就可以减少1.5%的大气污染排放总量。国外往往通过提高煤炭利用的集中度去解决环境污染问题,比如,美国约95%的煤炭集中于发电领域,而我国仅有一半左右的煤炭用于发电。与煤电相比,以风能、水能、核能等新能源进行发电,将更加清洁。随着雾霾问题的出现,国家更为重视清洁电力工作,对新能源发电工作给予大力支持,加快传统煤电改造,积极推广"以电代煤"工作,并将以上领域作为电力改革的重点。

就目前电力改革的整体情况而言,依旧存在一些问题,主要有:市场交易机制缺失,资源利用效率不高;价格关系没有理顺,市场化定价机制尚未完全形成;政府职能转变不到位,各类规划协调机制不完善;发展机制不健全,新能源和可再生能源开发利用面临困难;立法修法工作相对滞后,制约电力市场化和健康发展。比如,光伏发电等新能源产业设备制造产能和建设、运营、消费需求不匹配,没有形成研发、生产、利用相互促进的良性循环,可再生能源发电保障性收购制度没有完全落实,新能源和可再生能源发电无歧视、无障碍上网问题未得到有效解决。[②]

为解决以上问题,我国推出了《中共中央、国务院关于进一步深化电力体制改革的若干意见》《国家发展改革委、国家能源局关于印发电力体制改革配套文件的通知》《售电公司准入与退出管理办法》《有序放开配电网业务管理办法》等一系列改革文件。

---

① 参见《石油天然气开采享受税收优惠》,2011年12月,中国会计网(http://www.canet.com.cn/tax/ssyh/hyyh/201112/05-228272.html)。

② 参见《中共中央、国务院关于进一步深化电力体制改革的若干意见》。

现阶段，电力利用改革的重点是：在进一步完善政企分开、厂网分开、主辅分开的基础上，按照管住中间、放开两头的体制架构，有序放开输配以外的竞争性环节电价，有序向社会资本放开配售电业务，有序放开公益性和调节性以外的发用电计划；推进交易机构相对独立，规范运行；继续深化对区域电网建设和适合我国国情的输配体制研究；进一步强化政府监管，进一步强化电力统筹规划，进一步强化电力安全高效运行和可靠供应。[1]

（二）与电力利用相关的税收

电力作为工业发展的重要支撑，其中大部分为煤电，当然也有一定比例的新能源发电。与石油、天然气、煤炭等一次能源相比，电力作为二次能源，相关税收更侧重于对电力企业或者相关服务业的规制，很少涉及对能源产品的规制。首先，电力企业需要缴纳增值税，分两种情况：具有一般纳税人资格或具备一般纳税人核算条件的非独立核算的发电企业生产销售电力产品，按照增值税一般纳税人的计算方法计算增值税；不具有一般纳税人资格且不具有一般纳税人核算条件的非独立核算的发电企业生产销售的电力产品，由发电企业按上网电量，依核定的定额税率计算发电环节的预缴增值税，且不得抵扣进项税额。[2] 在供电企业销售电力产品，实行在供电环节预征、由独立核算的供电企业统一结算的办法缴纳增值税。[3] 再者，电力企业需要缴纳印花税：国家电力公司、电力集团公司、独立省电力公司及电力集团公司内省电力公司的资金账簿，按规定征收；对发电与电网之间，电网与电网之间（国家电网公司系统、南方电网公司系统内部各级电网互供电量除外）签订的购售电合同，按购销合同征收。[4] 此外，与其他企业一样，电力企业也需要缴纳所得税、营业税等税收。

为鼓励更多企业参与新能源发电事业，提高新能源发电在电力中

---

[1] 参见《中共中央、国务院关于进一步深化电力体制改革的若干意见》。

[2] 参见《电力产品增值税征收管理办法》第4条。

[3] 同上。

[4] 参见《国家税务总局关于国家电力公司及其子公司资金账簿征收印花税有关问题的通知》。

的占比，国家出台了一系列优惠措施。在核电领域，企业自正式商业投产次月起 5 个年度内，返还比例为已入库税款的 75%；自正式商业投产次月起的第 6—10 个年度内，返还比例为已入库税款的 70%；自正式商业投产次月起的第 11—15 个年度内，返还比例为已入库税款的 55%；自正式商业投产次月起满 15 个年度以后，不再实行增值税先征后退政策。① 在风电领域，利用风力生产的电力，自产货物实现的增值税实行即征即退 50% 的政策。② 在太阳能发电领域，自 2013 年 10 月 1 日至 2015 年 12 月 31 日，对纳税人销售自产的利用太阳能生产的电力产品，实行增值税即征即退 50% 的政策。③ 在水力发电领域，装机容量超过 100 万千瓦的水力发电站（含抽水蓄能电站）销售自产电力产品，自 2013 年 1 月 1 日至 2015 年 12 月 31 日，对其增值税实际税负超过 8% 的部分实行即征即退政策；自 2016 年 1 月 1 日至 2017 年 12 月 31 日，对其增值税实际税负超过 12% 的部分实行即征即退政策。④ 正是得益于国家财税金融等政策方面的大力支持，我国可再生能源发电产业发展迅速，一跃成为世界第一大国。

（三）存在的问题

1. 税收结构需调整

目前国家在大力推广"以电代煤"工作。但值得注意的是，在很多地方，电力使用成本要高于煤炭，尤其在取暖季，农村居民更青睐价格低廉的散煤，而非电力。电力有其特殊性，主要源于煤炭、天然气、水能、风能等一次能源。但是，在相关一次能源开采、使用的过程中已经征收了一系列税收，相关成本势必会传递给发电企业，导致电价较高。

2. 对新能源发电的支持不足

在推动电力消费的同时，还需要优化电力结构，以减少电力使用过程中所产生的生态环境影响。为此，需要提高清洁能源在电力消费

---

① 参见《财政部、国家税务总局关于核电行业税收政策有关问题的通知》。
② 参见《财政部、国家税务总局关于资源综合利用及其他产品增值税政策的通知》。
③ 《财政部、国家税务总局关于光伏发电增值税政策的通知》。
④ 《财政部、国家税务总局关于大型水电企业增值税政策的通知》。

构成中的比重。为推动新能源产业发展，国家出台了一系列税收优惠政策，在此过程中，清洁能源发电占比显著提高。但是，与煤电相比，清洁能源的发电成本依旧较高，很难形成竞争优势。在清洁电力领域，依旧存在不均衡问题，水电、核电较为成熟，而风电、太阳能却相对滞后。为进一步提升清洁能源发电占比，还需要加强相关支持。但是，相关税收减免政策的应用依旧显得不足。

第三节 与污染物排放相关的税收

通过征收排污税，可以内化环境污染成本，推动形成节约能源资源、保护生态环境的发展方式和消费模式。在污染物排放领域，很长一段时间，我国主要通过排污费进行管制，并于2016年以立法方式成功实现了排污费向"排污税"（环境税）的平稳过渡。

一 排污费

（一）法律政策进展

1978年12月，在中共中央批转的原国务院环境保护领导小组《环境保护工作汇报要点》中，首先提出在我国实行"排放污染物收费制度"。

1979年颁布实施的《环境保护法（试行）》在第18条第3款中明确规定："超过国家规定的标准排放污染物，要按照排放污染物的数量和浓度，根据规定收取排污费。"由此，排污收费工作有了明确的法律依据。

1982年12月，国务院颁布实施《征收排污费暂行办法》，明确了我国征收排污费制度的基本框架，对征收排污费的目的、范围、标准、加收和减收的条件、费用管理和使用等都做了规定。依据该办法，超标准排放污染物的企事业单位需要交纳排污费，而其他排污单位，要缴纳采暖锅炉烟尘排污费。

2003年，国务院颁布实施《排污费征收使用管理条例》，对排污费的征收、使用和管理进行了规定,该条例于 2003 年 7 月 1 日起实施,《征收排污费暂行办法》同时废止。主要调整有:一是将超标排污收费修改为排污收费;二是拓宽了管辖范围,除企事业单位外,个体工商户也作为缴费对象;三是实行"收支两条线",排污费纳入财政预算,作为环境保护专项资金进行管理。

另外,《环境保护法》《水污染防治法》《固体废物污染环境防治法》等法律中都有排污收费的相关规定。其中,新修订的《环境保护法》明确规定:"排放污染物的企业事业单位和其他生产经营者,应当按照国家有关规定缴纳排污费。排污费应当全部专项用于环境污染防治,任何单位和个人不得截留、挤占或者挪作他用。"此外,新法对排污费与环境保护税的衔接问题也做出了规定,即"依照法律规定征收环境保护税的,不再征收排污费"。

(二) 主要规定

一是排污费的征收范围和对象。征收排污费污染物范围包括污水、废气、固体废物、噪声四类。排污费的征收对象主要为直接向环境排放污染物的单位和个体工商户。在一些情况下,个人也可能成为排污费的征收对象。例如,《海洋环境保护法》第 11 条第 1 款规定:"直接向海洋排放污染物的单位和个人,必须按照国家规定缴纳排污费。"

二是排污费征收标准。在标准制定方面,既有全国统一适用的国家标准,也有在一些地方政府适用的地方标准。国家标准主要由相关部委根据污染治理产业化发展的需要、污染防治的要求和经济、技术条件以及排污者的承受能力进行制定。未进行规定的,省级政府可以制定地方排污费征收标准。

三是排污费减免。排污费的征收对象主要是直接排污者,对于间接排污者,或自有储存和处理设施者,往往给予免征处理。向城市污水集中处理设施排放污水并缴纳污水处理费者,以及建成工业固体废物贮存或者处置设施、场所,或者对原有处置设施和场所进行改造并达标者,不用缴纳排污费。① 对于因不可抗力遭受重大经济损失的排

---

① 参见《排污费征收使用管理条例》第 2 条。

污者,可以申请减半缴纳排污费或者免缴排污费。① 此外,对于有特殊困难不能按期缴纳排污费的排污者,可以申请缓缴排污费。②

四是排污费征收程序。首先,负责污染物排放核定工作的环境保护行政主管部门,应当根据排污费征收标准和排污者排放的污染物种类、数量,确定排污者应当缴纳的排污费数额。③ 其次,排污费数额确定后,由负责污染物排放核定工作的环境保护行政主管部门向排污者送达排污费缴纳通知单。④ 最后,排污者应当自接到排污费缴纳通知单后,到指定的商业银行缴纳排污费。⑤

五是排污费的使用。排污费必须纳入财政预算,列入环境保护专项资金进行管理,主要用于重点污染源防治,区域性污染防治,污染防治新技术、新工艺的开发、示范和应用等项目的拨款补助或者贷款贴息。⑥

六是排污费的实施效果。排污费对于防治环境污染发挥着重要作用,通过增加排污者负担,有助于激励其减少污染物排放。据统计,2003—2015年,全国累计征收排污费2115.99亿元,缴纳排污费的企事业单位和个体工商户累计500多万户。2015年征收排污费173亿元,缴费户数28万户。⑦

二 排污费与环境税的制度衔接

税和费都是基于市场的管制手段,主要通过价格信号,引导单位和个人减少污染物排放,以达到保护生态环境的目标。但实践中,排污费行政色彩浓重,无序征收及使用问题突出。为规范管理,国家积极推行"费改税"工作。2016年12月25日通过的《环境保护税法》

---

① 参见《排污费征收使用管理条例》第15条。
② 参见《排污费征收使用管理条例》第16条。
③ 参见《排污费征收使用管理条例》第13条。
④ 参见《排污费征收使用管理条例》第14条。
⑤ 同上。
⑥ 参见《排污费征收使用管理条例》第18条。
⑦ 参见《关于〈环境保护税法(草案)〉的说明》。

按照"税负平移"原则,实现了排污费向环境税的平稳转移和顺利对接,以"税"代"费"。由排污费到环境税,主要有以下创新。

一是强化环境管理,加大对环境污染排放行为的规范力度。目前,国家主要运用行政手段和经济手段去调控产生环境影响的生产经营活动,规范相关主体合理使用能源资源和减少污染物排放。与行政手段相比,经济手段具有以下优势:相关活动的外部不经济性由环境利用者承担,不会额外加重政府及其他社会主体的负担;环境利用者可以通过改进污染治理技术等方式,减少向政府所缴纳的相关费用,具有激励技术进步的作用。排污费就属于经济手段,通过收取相关费用,增加了排污者的经济负担,有助于督促排污者减少不必要的污染物排放。但排污费属行政事业性收费,由地方环境行政主管部门征收,其行政色彩浓重,导致实践中出现了不少问题,如地方政府不当干预、公开透明性差、征收标准较低、征管难度大。在生态环境问题较为严重的现阶段,排污费对企业节能减排的激励已经显得不足。征收环境保护税,可以依托当前成熟规范的税收管理体系,克服排污费强制性不足、稳定性差等问题,对排污主体形成持续激励,引导其改变生产方式和减少污染物排放。

二是形成正向激励,引导更多企业参与环境保护工作。截至目前,我国尚未形成完善的资源环境要素市场,环境污染的外部成本难以内化,而且普遍存在"守法成本高,违法成本低"的问题,粗放式发展往往投入小、见效快,而绿色发展则投入大、回收慢。特别是在经济进入新常态后,企业特别是制造企业普遍经营困难,绿色转型意愿并不强。与排污费类似,环境税的征收对象都为直接向环境排放应税污染物的企业事业单位和其他生产经营者,主要调控大气污染物、水污染物、固体废物和噪声的排放行为。但与之不同的是,环境税推动污染物减排的力度更大,强调多排污、多缴税,少排污、少缴税,正向激励作用更强,进一步内化了环境污染的外部成本,有助于减少源自生产经营活动的环境不利影响。为激励企业减少污染物排放,《环境保护税法》在加重了超标排污企业税负的同时,对于环境保护行为也给予了强有力的正向激励。一方面,提高了排污成本，将现行排污费收费标准作为环境保护税的税额下限，允许水、大气等污染物的税额在法定幅度内进行上调，推动扭转排污成本低、治理成本高的现象，激励更多的企业参与环境保护工作。另一方面，加大了对环保行为的正向激励，只要企业履行环境保护责任，减少污染物排放量及浓度，或进行废物综合利用，就可以少纳税甚至暂免征收环境税。

三是立足工作实际，充分发挥地方政府环境治理的主观能动性。环境保护类法律的出台，都面临着一个不可回避的问题，即如何妥善处理环境保护与经济发展的关系。现阶段，生态文明建设已经成为社会发展的主旋律，但是其也未否定发展经济，而是要求相关经济主体在环境容量允许范围内排污以及将资源能源的消耗降至最低，并在发展的过程中解决环境问题。该法贯彻了生态文明建设理念，充分考虑地方经济发展的不平衡性和环境问题的差异性，以及地方政府在解决区域环境问题中的重要作用，提出了处理经济发展与环境保护关系的新思路，主要体现在充分发挥地方治理环境的积极性。一方面，关于税收归属问题。此前，排污费主要由中央和地方共同分成，10%作为中央预算收入，90%作为地方预算收入。考虑到地方政府承担着主要的环境治理责任，环境税拟全部纳入地方政府财政，增加了地方政府环境治理资金，有助于进一步调动地方政府开展环境保护工作的积极性。另一方面，关于税额设定问题。该法明确了应税污染物税额幅度，同时授权省级政府可以在法定幅度内上浮税额并进行必要调整，既体现了环境税收的法定性，又体现出该税收的灵活性，以便地方政府根据本地区环境承载能力、污染物排放现状和经济社会生态发展目标要求等因素，选择适用适宜的税额。

三 排污税的主要内容

在我国绿色税收立法史上，《环境保护税法》具有里程碑式的意义，环境税成为我国第一个专门性的绿色税收。由于环境税调控的重点是污染物排放行为，从一定意义上讲，环境税基本上是排污税的代名词。

(一) 纳税主体

在我国,直接向环境排放大气污染物、水污染物、固体废物和噪声的企事业单位和其他生产经营者为环境保护税的纳税人。① 对于间接排污者,主要是向符合规定的污水集中处理、生活垃圾集中处理场所排放污染物者,以及向符合规定的设施、场所贮存或者处置固体废物者,无须缴纳环境税。② 这并不意味着,间接排污者在免费使用环境容量,基于等价有偿原则,他们需要向处理场所交纳处理费用,或者通过投资建设储存或处置装置而免除纳税义务。比如,向处理厂集中排放污水者,需要交纳污水处理费。对于集中处理场所,其性质比较特殊。在收取相关费用后,承担废物处理义务,但同时也有可能排放污染物,成为直接排污者。与其他直接排污者不同的是,这些场所的任务和作用都较为特殊,其存在的目的是通过处理工作,减少直接排放到环境中的污染物。因此,针对这类主体,环境税的适用具有特殊性,即仅在超过排放标准的情况下,才需要缴纳环境税。

(二) 税目、税额和计税依据

在税目和税额设定方面,法律给予地方政府充分授权,允许省一级地方政府在综合考虑本地区环境承载能力、污染物排放现状和经济社会生态发展目标的基础上,确定出适用的税目和税额。③ 各种应税污染物的计税主要依据有:应税大气污染物按照污染物排放量折合的污染当量数确定;应税水污染物按照污染物排放量折合的污染当量数确定;应税固体废物按照固体废物的排放量确定;应税噪声按照超过国家规定标准的分贝数确定。④

(三) 税收减免

与国外通行做法一样,我国在设计环境税时,基于避免管制措施重合、保护特殊行业等考虑,设置了相关的免税情况,主要

---

① 参见《环境保护税法》第2条。
② 参见《环境保护税法》第4条。
③ 参见《环境保护税法》第6条。
④ 参见《环境保护税法》第7条。

有：农业生产（不包括规模化养殖）排放应税污染物的；机动车、铁路机车、非道路移动机械、船舶和航空器等流动污染源排放应税污染物的；依法设立的城乡污水集中处理、生活垃圾集中处理场所排放相应应税污染物，不超过国家和地方规定的排放标准的；纳税人综合利用的固体废物，符合国家和地方环境保护标准的。① 同时，为了发挥环境税收激励作用，对于应税污染物排放行为，也有一些减税规定：纳税人排放应税大气污染物或者水污染物的浓度值低于国家和地方规定的污染物排放标准30%的，减按75%征收环境保护税；纳税人排放应税大气污染物或者水污染物的浓度值低于国家和地方规定的污染物排放标准50%的，减按50%征收环境保护税。②

（四）税收征管

市场主体在向环境排放应税污染物那刻起，就负有纳税义务，当天就需要向当地税务机关申报缴纳环境保护税。③ 在进行纳税申报时，纳税义务人需要向税务机关报送所排放应税污染物的种类、数量，大气污染物、水污染物的浓度值等信息。由于环境信息的真实性问题直接决定着环境税的实施效果，这就需要环保部门与税务部门保持密切沟通，进行必要的信息共享。具体而言，环境保护主管部门需要将排污单位的排污许可、污染物排放数据、环境违法和受行政处罚情况等环境保护相关信息，定期交送税务机关。同时，税务机关也需要将纳税人的纳税申报、税款入库、减免税额、欠缴税款以及风险疑点等环境保护税涉税信息，定期交送环境保护主管部门，以推动开展相关环境监管工作。④ 在征收方面，环境保护税按月计算，按季申报缴纳，不能按固定期限计算缴纳的，可以按次申报缴纳。⑤

---

① 参见《环境保护税法》第12条。
② 参见《环境保护税法》第13条。
③ 参见《环境保护税法》第16条、第17条。
④ 参见《环境保护税法》第15条。
⑤ 参见《环境保护税法》第18条。

四 排污税存在的问题

(一) 税收调控范围过窄

环境保护内涵较广,不仅涉及能源资源消耗和污染物排放,而且也会涵盖生态环境养护、修复及治理工作,因此,需要一部综合性税收立法,对环境税进行系统调控,避免各种税收征管重复。依据《环境税保护税法》,目前环境保护税仅规范污水、废气、固体废物、噪声四种污染物,与排污费调整范围一致,类似于国外的排污税。可以说,环境保护税就仅是排污税的代名词,尚未涉及二氧化碳排放管制,以及资源能源消耗和生态修复工作。

(二) 税收激励作用有待提高

就环境税税率设置而言,《环境保护税法》主要按照税负平移原则,推动"排污费"向"环境保护税"的平稳过渡,并未增加企业负担。此前,在征收排污费的过程中,已经广泛存在排污成本低、治理成本高的问题,很多企业宁可缴纳超标排污费,也不愿意去改进工艺和采用先进的治理设施,排污费在激励企业减排污染物方面所起作用有限。基于此,环境税有所改进,将现行排污费收费标准作为环境保护税的税额下限,强调多排污、多缴税,少排污、少缴税,并给予地方政府一定的自主权,发挥了地方治理环境的积极性和主动性。但是,当前环境问题相当严峻,从税目、税额等相关规定看,环境保护税的激励作用依然显得不足。

第四节 支持节能环保产业发展的相关税收

一 节能环保产业发展现状及改革方向

(一) 节能环保产业整体情况

1. 节能环保产业的范畴

节能环保产业包括节能产业和环保产业两大子行业,涵盖节能技术和装备、节能服务、环保装备、环保服务、资源综合利用五个细分领域。

表 4-1　　　　　　　　节能环保产业领域划分

子行业	细分领域	涵盖内容	相关产品和服务
节能产业	节能技术和装备	工业锅炉、电机系统、能量系统优化、余能回收利用、照明和家电、绿色建材	低温余热发电装备、高效电机、泵、风机、高效燃烧器、换热器、蓄能器、冷凝器等
	节能服务	通过合同能源管理等方式，节能服务公司向用能单位提供节能诊断、设计、融资、改造、运行服务，进而帮助用能企业提高能效水平	节能效益分享、能源费用托管、节能量保证、融资租赁等商业模式
环保产业	先进环保技术和装备	大气污染防治、水污染防治、土壤污染防治、噪声和振动控制、环境大数据等领域的技术和装备及产品	脱硫、脱硝、除尘、反渗透、纳滤膜、土地调剂和修复药剂、浓缩渗透液等
	环保服务	通过鼓励第三方参与环境绩效合同服务、污染源监测、环境损害评估监测、环境影响评价监测等方式，为改进环境质量提供相关服务	政府和社会资本合作（PPP）、特许经营、委托运营、工程总承包+系统托管运营（EPC+C）、项目管理承包（PMC）等运营机制
	资源综合利用	尾矿资源化、工业废渣、再生资源、再制造、水资源节约利用等领域的技术和装备	尾矿高浓度充填自动化控制、高浓度尾矿胶结充填采矿、脱硫石膏无害化处理、生物表面处理等技术和装备

资料来源：《"十三五"节能环保产业发展规划》，2017年6月。

2. 节能环保产业发展状况

"十二五"期间，在有利的政策支持下，我国节能环保产业发展迅速。2015年产值约4.5万亿元，从业人数达到3000多万。技术装备水平大幅提升，高效燃煤锅炉、高效电机、膜生物反应器、高压压滤机等装备技术水平处于世界领先水平，燃煤机组超低排放、煤炭清洁高效加工利用、再制造等技术取得重大突破，拥有世界一流的除尘脱硫、生活污水处理、余热余压利用、绿色照明等装备供给能力。产业集中度明显提高，涌现出70余家年营业收入超过10亿元的节能环保龙头企业，形成了一批节能环保产业基地。节能环保服务业保持良好发展势头，合同能源管理、环境污染第三方治理等服务模式得到应用推广，一批生产制造型企业快速向生产服务型企业转变。①

（二）节能产业发展现状

1. 节能技术装备产业发展情况

节能技术装备产业主要为全社会节约能源提供必要的技术、装备和产品支撑，对于推动经济发展绿色转型意义重大。"十二五"期间，我国节能技术产品的推广和应用取得积极进展，技术研发及装备制造能力显著提高。预计到2017年，高效节能技术和装备的市场占有率将提高至45%左右，产值超过7500亿元，实现年节能能力1500万吨标准煤。

2. 节能服务产业发展情况

"十二五"是中国节能服务从业队伍蓬勃发展的黄金5年。到"十二五"期末，全国从事节能服务业务的企业总数达到5426家，比"十一五"期末增长了近6倍；行业从业人员达到60.7万人，比"十一五"期末的17.5万人增长了近2.5倍。节能服务产业总产值从2010年的836.29亿元增长到3127.34亿元，年均增长率为30.19%；合同能源管理投资从2010年的287.51亿元增长到1039.56亿元，年均增长率为29.31%。"十二五"累计合同能源管理投资3710.72亿元，形成年节能能力1.24亿吨标准煤，减排二氧化碳3.1亿吨。截至2015年年底，产值超过10亿元的节能服务公司有25家，超过5亿元的有142家，超过1亿元的有286家；"十二五"期间，合同能源管理累计投资超过10亿元的有34家，超过5亿元的有112家，超过1亿元的有385家。②

（三）环保产业发展现状

环保产业作为一个具有较大发展潜力的新兴产业，在世界绝大多数国家都受到高度重视。我们认为，环保产业是国民经济结构中以防治环境污染和改善生态环境为目的所进行的相关活动，结合我国环保

---

① 参见《"十三五"节能环保产业发展规划》。
② 参见《"十二五"节能服务产业发展报告》。

产业发展现状，主要包括环境技术装备、环境保护服务以及资源综合利用三方面内容。

1. 环保产业发展现状

环保产业作为节能环保产业的重要组成部分，不仅为生态文明建设提供了物质基础和技术产业支撑，同时将为经济发展作出重要贡献。总体看，"十二五"前期至中期我国环保产业总体上保持了较快发展，2014年下半年以后，由于受经济增速放缓的影响，环保产业增速出现一定回落。"十二五"期间整体平均增速超过20%。

（1）环保装备制造业发展情况

环保装备制造业作为环保产业的重要组成部分，为环保产业发展提供了必要的技术和装备支撑。"十二五"期间，我国环保装备制造业取得较大发展，一批先进环保技术装备投入实际应用，具有自主知识产权的国内技术开始涌现，环保设备国产化比率有所提升。2016年实现产值6200亿元，比2011年翻一番。随着环境保护装备业加速消化吸收及自主创新能力的加强，将会进一步形成区位优势突出、集中度高的环保装备产业基地，培育出具有行业领军作用的大型龙头环保装备企业集团。预计"十三五"环保装备制造业产值达到1万亿元。

（2）环保服务业发展情况

在国家的大力支持下，环境污染治理工作取得重要进展，社会环保服务需求增加。"十二五"期间，我国环保服务业吸纳就业能力进一步增强，服务能力进一步增强，服务内容进一步完善，服务质量进一步提高。根据环境保护部、国家发改委、国家统计局于2012年组织开展的以2011年为基准年的第四次全国环保产业调查结果显示：2011年全国环境保护服务从业单位8820个，从业人员51.8万人，营业收入1706.8亿元，营业利润183.6亿元，对外服务合同额4.3亿美元。2015年全国环境保护服务营业收入约4900亿元，保持较高增速。目前，随着政府采购服务在环保领域的进一步推广，环境污染治理设施运营社会化、市场化、专业化进一步加快。与此同时，环境服务领域从传统的技术研发、工程设计建造、设施运营向咨询服务、综合服务延伸，拉动环保产业转型和升级的趋势日益凸显，呈现良好发展态势。

(3) 资源综合利用产业发展情况

"十二五"期间，我国资源综合利用产业规模稳步壮大，资源综合利用率显著提升，利用途径日益多样化，部分资源综合利用技术获得国家技术发明奖和国家科学技术进步奖，达到先进水平，大宗工业固废综合利用效率进一步提高，主要再生资源回收利用率稳步上升。五年利用大宗工业固废约70亿吨、再生资源12亿吨。2015年固废综合利用率达到65%。

二 相关税收

(一) 指引性规定

相关绿色税收立法，对作为工业绿色发展重要支撑的节能环保产业进行了方向性指引。比如，《循环经济促进法》第44条规定：国家对促进循环经济发展的产业活动给予税收优惠，并运用税收等措施鼓励进口先进的节能、节水、节材等技术、设备和产品，限制在生产过程中耗能高、污染重的产品的出口。企业使用或者生产列入国家清洁生产、资源综合利用等鼓励名录的技术、工艺、设备或者产品的，按照国家有关规定享受税收优惠。

除法律外，国家出台的一些政策，也在推动减轻节能环保产业发展的财税负担。比如，《"十三五"国家战略性新兴产业发展规划》提出："大力发展创业投资和天使投资，完善鼓励创业投资企业和天使投资人投资种子期、初创期科技型企业的税收支持政策，丰富并购融资和创业投资方式。"又如，《"十三五"节能环保产业发展规划》提出："落实节能环保产业税收优惠政策，修订完善节能节水、环境保护专用设备企业所得税优惠目录，落实资源综合利用产品的增值税优惠政策。"

(二) 具体规定

2008年，我国实施的《企业所得税法》明确规定，企业从事符合条件的环境保护、节能节水项目的所得可以免征、减征企业所得税。可以获得税收减免的环境保护、节能节水项目，包括公共污水处理、公共垃圾处理、沼气综合开发利用、节能减排技术改造、海水淡化等。对于实施以上项目的企业，实施"三免三减半"的优惠政策，自项目取得第一笔生产经营收入所属纳税年度起，第一年至第三年免征企业所得税，第四年至第六年减半征收企业所得税。[①]

2008年，财政部、国家税务总局下发的《关于再生资源增值税政策的通知》对再生资源回收与利用的有关增值税政策进行了调整，主要有：取消"废旧物资回收经营单位销售其收购的废旧物资免征增值税"和"生产企业增值税一般纳税人购入废旧物资回收经营单位销售的废旧物资，可按废旧物资回收经营单位开具的由税务机关监制的普通发票上注明的金额，按10%计算抵扣进项税额"的政策。

2009年，财政部、国家税务总局和国家发展改革委联合发布《关于公布环境保护节能节水项目企业所得税优惠目录（试行）的通知》，主要调节公共污水处理、公共垃圾处理、沼气综合开发利用、节能减排技术改造、海水淡化等领域，具体方向包括：城镇污水处理项目；工业废水处理项目；生活垃圾处理项目；工业固体废物处理项目；危险废物处理项目；畜禽养殖场和养殖小区沼气工程项目；既有高能耗建筑节能改造项目；既有建筑太阳能光热、光电建筑一体化技术或浅层地能热泵技术改造项目；既有居住建筑供热计量及节能改造项目；工业锅炉、工业窑炉节能技术改造项目；电机系统节能、能量系统优化技术改造项目；煤炭工业复合式干法选煤技术改造项目；钢铁行业干式除尘技术改造项目；有色金属行业干式除尘净化技术改造项目；燃煤电厂烟气脱硫技术改造项目；用作工业、生活用水的海水淡化项；用作海岛军民饮用水的海水淡化项目。

2010年，财政部和国家税务总局发布的《关于促进节能服务产业发展增值税、营业税和企业所得税政策问题的通知》规定了节能服务项目的相关税收优惠。依据通知，在推动节能服务产业发展方面，对于符合《合同能源管理技术通则》规定的技术要求，并签订

---

① 参见《企业所得税法实施条例》第88条。

《节能效益分享型》合同的项目,我国实行了增值税和营业税减免,以及企业所得税"三免三减半"的税收优惠政策,对于符合条件的企业从取得经营收入的第一年至第三年可免交企业所得税,第四年至第六年减半征收。主要税收优惠有:一是增值税和营业税减免。对符合条件的节能服务公司实施合同能源管理项目,取得的营业税应税收入,暂免征收营业税;节能服务公司实施符合条件的合同能源管理项目,将项目中的增值税应税货物转让给用能企业,暂免征收增值税。二是企业所得税减免。一种情况是:对符合条件的节能服务公司实施合同能源管理项目,符合企业所得税税法有关规定的,自项目取得第一笔生产经营收入所属纳税年度起,第一年至第三年免征企业所得税,第四年至第六年按照25%的法定税率减半征收企业所得税。另一种情况是:对符合条件的节能服务公司,以及与其签订节能效益分享型合同的用能企业,实施合同能源管理项目有关资产的企业所得税税务处理按以下规定执行:用能企业按照能源管理合同实际支付给节能服务公司的合理支出,均可以在计算当期应纳税所得额时扣除,不再区分服务费用和资产价款进行税务处理;能源管理合同期满后,节能服务公司转让给用能企业的因实施合同能源管理项目形成的资产,按折旧或摊销期满的资产进行税务处理,用能企业从节能服务公司接受有关资产的计税基础也应按折旧或摊销期满的资产进行税务处理;能源管理合同期满后,节能服务公司与用能企业办理有关资产的权属转移时,用能企业已支付的资产价款,不再另行计入节能服务公司的收入。

  2012年,财政部和国家税务总局联合发布的《关于公共基础设施项目和环境保护节能节水项目企业所得税优惠政策问题的通知》提出:(1)企业从事符合《公共基础设施项目企业所得税优惠目录》规定于2007年12月31日前已经批准的公共基础设施项目投资经营的所得,以及从事符合《环境保护、节能节水项目企业所得税优惠目录》规定于2007年12月31日前已经批准的环境保护、节能节水项目的所得,可在该项目取得第一笔生产经营收入所属纳税年度起,按新税法规定计算的企业所得税"三免三减半"优惠期间内,自2008

年1月1日起享受其剩余年限的减免企业所得税优惠。(2)如企业既符合享受上述税收优惠政策的条件,又符合享受《国务院关于实施企业所得税过渡优惠政策的通知》第1条规定的企业所得税过渡优惠政策的条件,由企业选择最优惠的政策执行,不得叠加享受。

三 存在的问题

（一）税收体系不完备

在发展节能环保产业方面,相关税收可以从两个方面发力：一是节能环保装备制造业及服务产业的税收减免,这主要从供给侧层面减轻企业负担；二是减少环保产品、技术、服务使用方的税负,从需求侧方面增加消费的动力。但目前,我国在推动节能环保产业发展方面,虽然出台了一些税收,但是体系化程度还远远不足,尚未找到处理两者关系的平衡点。

（二）激励效果不足

现阶段,我国节能环保企业执行的企业所得税税率为25%,并执行"三免三减半"的优惠政策。环保产业发展虽然较快,但投资回报率不高,回收周期过长。虽然节能环保产业与其他高新技术企业一样都属于战略性新兴产业,但是节能环保企业规模较小,大多数企业很难像国家重点支持的高新企业那样享受到15%企业所得税税率。[1]

第五节　我国绿色税收立法存在的问题

国家对工业绿色发展问题的重视,以及相关绿色税收实践的开展,对于减少工业领域资源能源使用以及污染物排放起着积极的作用。前几节分类梳理了工业绿色发展相关税收的进展及存在的问题,属于类型化分析。在此,也很有必要从整体上对工业绿色发展相关税收的问题做一概括。从总体上讲,与工业绿色发展相关的税收,主要

---

[1] 贾康：《完善环保产业税收优惠政策》,《中国金融》2013年第7期。

存在以下问题。

一 部分税收定位不准

征税的目的,在很大程度上决定着税收的实施效果。相关税收的设立,若侧重于环境保护,在实践中对于工业绿色发展的推动作用会更大一些;若侧重于经济发展,征收后,即便会起到保护环境的作用,但由于定位偏失,环保功能往往会让步于经济功能,很难切实推动工业绿色发展。

2016年12月25日出台的《环境保护税法》,明确了环境保护税的征收目的,即"为了保护和改善环境,减少污染物排放,推进生态文明建设"。这为相关条款的设计指明了方向,可以说是名副其实的绿色税收。随着其实施,会有助于减少工业领域产生的废水、废气和固体废物。与之不同,在资源能源使用领域,不少税收定位似乎更侧重于经济发展,对于工业绿色转型的推动明显不足,甚至存在"拖后腿"问题。

一种情况是,未指明征收目的。在工业发展领域,很多税收都涉及资源能源利用问题,但不少税收的征收目的并不明确。资源税以及与能源资源消费密切相关的消费税就属于这种情况。在《资源税暂行条例》和《消费税暂行条例》的立法目的中,虽然未提及环境保护问题,但是随着这些税收的实施,在一定程度上推动了工业绿色发展。然而由于此类税收制定时,经济色彩较为浓重,其实施对于推动生态环境保护的作用并不强。例如,《资源税暂行条例》在附录中对矿产品或者生产盐等的税额作出规定,但是呈现税额幅度过低的问题。其中,煤炭的税额仅为0.3—5元/吨。很明显,在资源产品的税额设计方面,欠缺环保考虑,税额主要反映了资源产品的经济价值,而忽视其生态价值和社会价值。由此导致,即使征收资源税,也很难起到激励相关企业减少资源使用的作用。

另一种情况是,模糊的征收目的。集约发展是评价工业绿色发展的一项重要指标,在土地利用领域尤为重要。与土地使用相关的税收立法抑或没有明确的环境保护目标,抑或确立了包括环境保护在内的多个目标。例如，创设城镇土地使用税、耕地占用税的两部立法，在立法目的中表达了保护环境的倾向。例如，《城镇土地使用税暂行条例》的立法目的是合理利用城镇土地，调节土地级差收入，提高土地使用效益，加强土地管理。[①]《耕地占用税暂行条例》的立法目的是"合理利用土地资源，加强土地管理，保护耕地"[②]。以上税收虽然在征收目的设定方面，提到"加强城市的维护建设""合理利用城镇土地""合理利用土地资源""保护耕地"等字眼，似乎表明了保护环境的倾向。但是，其保护环境的目的并不明确，在推动企业集约用地方面所起的作用并不明显。

二 征收领域不均衡

在国外，与工业绿色发展相关的税收，广泛存在工业生产、产品采购及消费的各个环节，涉及能源资源使用、污染防治、生态修复等多个方面，体系相对完整。与之相比，我国开征的与工业绿色发展相关的税收，存在着分布不均衡问题，不仅表现为领域间不均衡，即使同一领域内也存在不均衡问题。

一方面，领域间的不平衡。与工业绿色发展相关的税收，主要集中于能源、资源和污染防治三大领域。在资源利用领域，土地增值税、耕地占用税、城镇土地使用税、资源税和消费税的征收对于土地资源、部分矿产资源和森林资源等资源要素的利用具有调节作用。在能源利用领域，对煤炭、酒精、含铅汽油、无铅汽油、柴油、燃料油、石脑油、溶剂油、润滑油和航空煤油等能源制品的消费具有调控作用。与上述两个领域形成鲜明对比的是，污染防治领域相关税收的税目较窄，仅调控噪声、固体废物、水污染物、大气污染物四种污染物。

另一方面，同一领域内的不平衡。即使在同一个领域，与工业绿色发展相关的税收也存在不均衡问题。比如，在资源利用方面，通过

---

① 参见《城镇土地使用税暂行条例》第1条。

② 参见《耕地占用税暂行条例》第1条。

征收耕地占用税、城镇土地使用税，土地资源在一定程度上得以保护；通过征收资源税，部分矿产资源的开采和利用量得以控制。但是，在促进资源节约方面，还存在不少空白地带，如目前还缺少对水资源等利用的税收规制。在能源利用领域，我国多针对一次能源征税，并未针对电力和核能等二次能源征税。在污染防治领域，工业污染范围较广，包括水污染、大气污染、土壤污染、重金属污染、噪声污染、辐射污染等问题，但《环境保护税法》尚未实现全覆盖，仅调整部分污染物。

三　专门性税收较少

专门性税收，是以调控特定环境事项为初衷的税收。这类税收以可持续发展理念为基本定位，以保护生态环境为基本立足点，将环境破坏成本以及资源、能源消耗成本都考虑在内，通过适当的税收价格，可以引导人们节约能源资源和减少污染物排放。在相关税收中，环境保护税属于名副其实的以保护生态环境为目的的税收，在推动工业绿色发展方面，有助于激励企业减少废水、废气、固废等污染物的产生。其他大多数相关税收，设立初衷可能并非以保护生态环境为首要目标，但在实施的过程中，也确实起到了推动工业绿色发展的作用，通过增加资源能源的消费成本，减少了相关资源能源的消耗。但存在的问题是，在经济利益和生态利益博弈的过程中，这些并非以生态环境保护为首要征收目的的税收，难免会出现重经济发展而轻环保的不理性抉择。

四　税收特殊政策运用不足

根据所起作用不同，税收特殊政策可以分为两种类型，即抑制性政策和激励性政策。抑制政策主要运用重税，对那些环境污染严重，资源或能源消耗量大的非环境友好型企业征收较高税收。而激励政策主要运用轻税，对于能源资源消耗小、清洁化水平高的环境友好型企业征收较低税收。在推动工业绿色发展方面，在运用一般性税收政策的同时，辅以轻重相济的重税及税收优惠政策，以区别的税收价格，引导工业企业理性行为，可以逐步形成环境友好型的生产方式。然而，特殊税收政策在我国工业绿色发展领域运用显得明显不足。

一方面，从税收抑制政策看。不少相关税收都做了有益尝试，但是对于高污染、高耗能、高耗材、高耗水行为的调控力度明显不足。正如前文所提到的，很多税收设立的初衷并未将环境保护作为首要目的，在具体条款的设计过程中，生态环境保护倾向并不明显。例如，在原油和煤炭等化石燃料的使用过程中，会产生大量温室气体，对于全球气候变暖具有不可推卸的责任。只有采用适当的税收抑制政策，才有利于减少煤炭和石油的使用量，实现延缓全球气候变暖趋势的目的。然而，与石油、煤炭等使用相关的税收，却未设计好相关抑制性条款。按照《资源税暂行条例》规定，原油每吨的税额为 8—30 元，煤炭每吨税额也仅为 0.3—5 元。这一较低的税额，很难有效抑制原油和煤炭的开采和利用。

另一方面，从税收激励政策看。随着税收减免措施的运用，传统产业绿色转型步伐明显加快，节能环保产业也随之发展。例如，《企业所得税法》第 27 条规定，从事符合条件的环境保护、节能节水项目的所得，可以免征或者减征企业所得税。再如，在增值税实施方面，财政部、国家税务总局所颁布的《关于部分资源综合利用及其他产品增值税政策问题的通知》规定"利用煤炭开采过程中伴生的舍弃物油母页岩生产加工的页岩油及其他产品""在生产原料中掺有不少于 30%的废旧沥青混凝土生产的再生沥青混凝土""利用城市生活垃圾生产的电力"和"在生产原料中掺有不少于 30%的煤矸石、石煤、粉煤灰、烧煤锅炉的炉底渣（不包括高炉水渣）及其他废渣生产的水泥"的企业可享受相关的增资税减免优惠。[①] 另一种类型是相关经济立法。《循环经济促进法》规定："国家对促进循环经济发展的产业活动给予税收优惠，并运用税收等措施鼓励进口先进的节能、节水、节材等技术、设备和产品，限制在生产过程中耗能高、污染重的产品的

[①] 参见《财政部、国家税务总局关于部分资源综合利用及其他产品增值税政策问题的通知》第 1 条。

出口。具体办法由国务院财政、税务主管部门制定。""企业使用或者生产列入国家清洁生产、资源综合利用等鼓励名录的技术、工艺、设备或者产品的,按照国家有关规定享受税收优惠。"[1] 在工业生产领域,随着这类税收减免政策应用,有助于激励生产者更新技术装备和改进工艺,进而提升能源资源使用效率和清洁生产水平。但是,相关政策的应用还不够充分,尚未发挥出应有的作用。突出表现为,这类税收特殊政策所调控到的广度还极为有限,尚涵盖生产全过程以及工业产品全生命周期。同时,激励程度还远远不够,在生产方式绿色转变、节能环保产业发展方面的推进作用明显不足。

五 缺少专款专用的制度保障

绿色税收理应是一种源于环保、用于环保的税收。这类税收主要源于对生态环境产生不利影响的行为。在工业品生产及消费领域,随着征收绿色税收,在一定程度上内化了生态环境损害的外部不经济性,生态环境的污染者及资源能源的利用者支付了相应的费用。这些税收,是资源能源及生态环境容量经济价值和生态价值的综合体现,国家扣除其经济收益后,应当把来源于生态价值的那一部分税款用于生态环境治理。与能源利用相关的税收,应用于可再生能源开发利用、传统能源利用技术研发、节能服务产业发展等领域;与资源利用相关的税收,应用于资源养护及恢复、资源再生利用等领域;与污染物排放的相关税收,则应主要用于水、大气、土壤等生态环境治理工作。但是,在实际中,很多与工业绿色发展相关的税收收入,并未应用到与工业绿色转型相关工作中。

第六节 绿色税收立法相关问题原因分析

与我国工业绿色发展相关的税收,之所以存在定位不准、规制领

---

[1] 参见《循环经济促进法》第44条。

域不均衡、专门税收缺失、特殊政策运用不充分、缺少专款专用制度保障等问题,与立法定位不准,立法实践时间较短,以及立法技术滞后等密切相关。

一 立法定位不当

在环境保护类法律制定的过程中,关于经济发展和环境保护关系的定位,直接决定着法律的实施效果。《环境保护法》作为我国环保领域的基本法,它就环境保护及经济发展关系的定位,对于包括工业绿色税收在内相关立法的制定具有重要的指导意义。然而,旧《环境保护法》未能妥善处理好此问题。在立法定位及基本原则设立方面,都存在着不少问题。例如,旧法第1条确立了立法目的,即"为保护和改善生活环境与生态环境,防治污染和其他公害,保障人体健康,促进社会主义现代业化建设的发展,制定本法"[①]。依据该规定,立法目的主要有"保障人体健康"和"促进经济和社会的可持续发展"两项。[②] 为落实该目的,该法规定:"国家制定的环境保护规划必须纳入国民经济和社会发展计划,国家采取有利于环境保护的经济、技术政策和措施。使环境保护工作同经济建设和社会发展相协调。"[③] 这一规定,创设了环境保护法的一项重要原则,即协调发展原则。环境法二元目的论和协调发展原则的确立对环境资源相关立法产生了重要影响。在新法修订之前,与工业绿色发展相关的税收,也或多或少地受到影响。其实,二元的立法目的,即环境保护法既要保护环境、防治污染,又要促进现代化建设,不能不说这两者之间是存在冲突的,在实际执行过程中,往往第二个目的占据了优势。[④] 此外,立法原则的协调性造成了环境利益和经济利益之间存在着冲突,在法律实施过程中,很难在两者之间寻找到一个平衡点,往往协调发展原则成为经济优先原则的牺牲品。受到环保基本法的影响,与工业绿色发展相关的

[①] 参见《环境保护法》第1条。
[②] 韩德培:《环境保护法教程》,法律出版社2007版,第36页。
[③] 参见《环境保护法》第4条。
[④] 曹明德:《生态法新探》,人民出版社2007版,第229页。

税收，特别是作为环境税前身的排污费，在实施过程中会存在类似问题，偏重经济建设，而轻环境保护。

二 立法实践不成熟

1984年实施的《产品税条例（草案）》是内容涉及工业绿色发展的最早税收立法，依据相关规定，对于利用废渣、废液、废气生产产品的企业可享受相应的税收优惠。即使从税收立法中出现环保规定的1984年算起，我国环境保护相关税收立法也仅有30余年的历史。2016年，我国通过了第一部全方位、高层级的环境保护税法，实现了专门性环境保护立法的零突破，重要污染物的防治有了专业的税收规制。在能源和资源利用领域，即使已经存在多部相关立法，但是依旧存在一些规制真空，立法不系统，也不专业。

三 立法技术滞后

与工业绿色发展相关的税收，在立法技术方面，存在着一定的滞后性，主要表现在制度设计和技术规范两方面。一方面，就制度设计而言。由于与工业绿色发展相关的税收，立法实践起步较晚，制度设计还存在诸多问题。一是调整范围不准确。主要表现为，立法名称和调整范围不吻合，最典型的例子是《资源税暂行条例》。从该立法的名称看，其调整对象主要是自然资源。但是，从附录《资源税税目税额幅度表》所列举的税目看，除了传统自然资源之外，煤炭、天然气、原油等应由能源税调控的对象也在此范围。二是未充分考虑立法的反效应。立法的反效应主要表现为，法律实施之后，偏离了原定目的。对土地资源所征收的税收，背离立法目标的现象最为突出。例如，《城镇土地使用税暂行条例》的立法目标有合理利用城镇土地，调节土地级差收入，提高土地使用效益和加强土地管理四项。[①] 然而，该税收因缺少合理的制度设计，作为地方财政收入主要来源的土地使用税，成为地方政府创收的工具，为了增加地方GDP，放宽土地出让

---

① 参见《城镇土地使用税暂行条例》第1条。

和使用政策的现象普遍,城镇土地资源浪费问题严重。

另一方面,就技术规范而言。与工业绿色发展相关的税收,技术要求相对较高,需要对污染物排放量及浓度、能源资源使用量等进行监测或统计,以及对它们产生的生态环境影响作出评价,以此作为计税依据。以自然资源税收价格设计为例,Robert Constanz 等人发表的《世界生态系统服务价值和自然资本》一文,指出生态系统在源源不断地提供生态服务,而这种服务具有一定的价值,他们对目前世界上 16 个生物群落区所提供的 17 种生态服务价值进行了估计,提出每年生态系统服务价值大概在 16 万亿美元到 54 万亿美元之间,平均值为 33 万亿美元。该价值远远地超过 1997 年全球 GNP。[①] 自然资源作为生态系统的组成部分,也发挥着相应的生态功能,其除了具有经济价值外,还具有相应的生态价值。目前,在资源相关税收的价格中,却缺少自然资源的生态价值构成。例如,天然气每千立方米税额仅 2—15 元,这仅反映了其经济价格,而没有考虑到其生态效益损失。[②] 从现有的技术条件及评价体手段来看,还存在一定的差距,尚未构建起合理的税收价格体系。

[①] Robert Costanza et al., "The Value of the World's Ecosystem Services and Natural Capital", *Nature*, 1997 (387): 253.

[②] 参见《资源税暂行条例》所附《资源税税目税额幅度表》。

第四章

我国绿色税收立法完善建议

绿色税收的征缴需要有法律依据，应以立法为前提。绿色税收立法是一项系统工程，需要从绿色税收立法的价值、理念、目的、原则、体系、进程、主要内容等多个维度进行构建。

第一节 绿色税收立法的价值选择

价值是"人们所利用的并表现了对人的需要的关系的物的属性"[1]，它用来反映客体对于主体的满足程度。马克思认为"价值这个普遍的概念是从人们对待满足他们需要的外界物的关系中产生的"[2]。根据税收法定原则，绿色税收的征收，都要以立法为前提。在进行立法时，都会存在价值选择问题。通常而言，"法的价值是在法与人的关系上产生的"[3]，因此法的价值"是以法与人的关系作为基础的，法对于人所具有的意义，是法对于人的需要的满足，是人关于法的绝对超越指向"[4]。在法的价值中，人是价值主体，法是价值客体，可以说法的价值主要体现在法对于人需求的满足上。此外，"法的价值还应当，而且也确实具有人们的期望、追求与信仰的意义"[5]。

征收绿色税收也应反映人们的某种精神诉求，它"必须关注某些

---

[1] 《马克思恩格斯全集》第19卷，人民出版社1963年版，第406页。
[2] 同上书，第436页。
[3] 卓泽渊：《论法的价值》，《中国法学》2006年第6期。
[4] 同上。
[5] 同上。

超越特定社会结构和经济结构相对性的基本价值"①。按照一般法理，绿色税制的设计应反映出法所具有的正义、秩序和效益等价值。当然，这些价值也共同构成了该法律制度的追求目标和评价标准。

一 正义价值

在法的价值诉求中，正义具有优先地位，是法应始终追求、最为根本的价值。原因在于，正义是实现法其他价值诉求的根本保障，法只有具备了正义诉求，它的秩序和效益等价值的实现才会具有理性根基。

（一）传统立法的正义价值

中西方学者普遍认为正义含有公平、公正、合理之意。正义是人类社会所追求的理想状态。但是，在人类社会中，正义时常会被打破，当社会中出现不正义现象时，正义就被视为社会最高美德，法律则被视为维护和追求正义的工具，正义作为法的实质和宗旨，法只能在正义中去发现其适当的具体的内容，也只能在正义中显现其价值。②可以说，"正义问题伴随着法律历史的始终，正义乃是法哲学的永恒主题"③。

古罗马法学家乌尔比安首创正义的概念，他认为"正义乃是使每个人获得其应得的东西的永恒不变的意志"④。查士丁尼编撰的《法学总论》引用了该概念。该书指出："正义是给予每个人他应得的部分的这种坚定而恒久的愿望。"⑤ 在古罗马时期，这一从精神层面所对正义概念的界定得到主流社会认可。近现代，霍布斯、边沁、庞德、哈贝马斯、凯尔森、罗尔斯等思想家也都阐述了其对正义的理解。罗尔斯认为："正义的对象是社会的基本结构——即用来分配公民的基

---

① 卓泽渊：《论法的价值》，《中国法学》2006 年第 6 期。
② 张文显：《法哲学范畴研究》，中国政法大学出版社 2001 年版，第 201—202 页。
③ 付子堂：《法律正义引论》，《河南省政法管理干部学院学报》2001 年第 2 期。
④ ［美］博登海默：《法理学：法律哲学和法律方法》，邓正来译，中国政法大学出版社 2004 年版，第 277 页。
⑤ ［罗马］查士丁尼：《法学总论》，张企泰译，商务印书馆 1993 年版，第 5 页。

本权利和义务、划分由社会合作产生的利益和负担的主要制度。"[1] 当然，视角不同，对正义的解读也会存在差异。但正义的本质是不变的，即追求公正的意志。

依据不同的标准，对正义的分类也会存在差异，如分配正义与矫正正义、形式正义与实质正义、程序正义与实体正义。以分配正义与矫正正义为例。亚里士多德把正义分为分配正义和矫正正义。分配正义主要关注社会成员和群体之间权利、权力、义务和责任配置问题。[2] 分配正义规范被社会成员很好地遵守时，社会处于和谐状态，一旦分配正义规范被某一社会成员违反，矫正正义就开始发挥作用，并借助于法院或其他相关机构实现。[3] 因此，矫正正义主要关注社会成员之间的关系，在侵害人与受害人之间建立以惩罚和补偿为内容的联系，目的在于恢复侵害人与受害人的所失与所得，这种联系既是法律上的，同时也是正义所要求的。

传统立法将正义作为法律制度制定的基础，它表现为法律制度需要以正义作为其追求的终极目标，并将其融入可操作性的规则之中，给予人们相关的行为指引。可以说，"法能够满足人们对于正义的需求，法能够实现人们追求正义的目的"[4]。当然，法这种社会制度对于正义价值的实现程度是可以考量的，通常可以从"制度对于结果的助益来考察制度的正义性，而且，结果的评估根据的是它们是否有助于权利、机会和资源的公正分配"[5]。在传统立法中，正义仅存在于人与人的关系中，并以生命、自由、平等为追求要素。其中，生命是原

---

[1] [美] 罗尔斯：《正义论》，何怀宏、何包钢、廖申白译，中国社会科学出版社2006年版，第5页。

[2] [美] 博登海默：《法理学：法律哲学和法律方法》，邓正来译，中国政法大学出版社2004年版，第279页。

[3] 同上书，第281页。

[4] 周文华：《法的正义价值及其实现》，博士学位论文，中国社会科学院研究生院，2003年，第29页。

[5] [英] 布莱恩·巴利：《社会正义论》，曹海军译，江苏人民出版社2008年版，第21—22页。

点，从生命到自由和平等是一种递进和深化的关系，其层次不能乱。①简言之，传统立法所保障的正义是人类的正义，且以生命为逻辑起点，不具备超世代性的特征，不是后代人的正义，而是在特定空间和时间范围内当代人的正义。这也正如恩格斯所指出的那样："每一时代的理论思维，从而我们时代的理论思维，都是一种历史的产物，在不同的时代具有非常不同的形式，并因而具有非常不同的内容。"②

(二) 生态立法的正义价值

生态法出现后，其正义诉求融入了新内容。前莫斯科大学法律系教授彼得罗夫从抽象社会关系角度对生态法进行定义，他认为："生态法是为了当代人和后代人的利益，调整社会与自然界相互作用领域里的生态社会关系的法律规范的总和。"③ 中国政法大学的曹明德教授则从具体社会关系的角度对生态法进行定义，他认为："生态法是为了达到协调人与自然之间的关系的目的，并为了当代人和后代人的利益，调整人们在保护自然环境、合理开发利用自然资源、防治环境污染、保护自然人和法人的生态权利和合法利益方面所产生的社会关系的法律规范的总称。"④ 不管基于何种视角，两位教授对生态法概念界定的基点是一致的，即生态立法需要兼顾当代人和后代人利益。

比较而言，传统立法的立足点是保护当代人利益，而生态法既源于传统立法，又突破传统立法。这一点也反映在法律价值层面。一方面，就相同点而言，不管是传统立法，还是生态立法，都注重对当代人利益的保护，强调法在空间维度上的正义诉求；另一方面，就差异而言，相对于传统立法，生态立法的正义诉求融入了新的元素，在强调保护当代人利益的同时，也注重对后代人利益的保护。可以说，生态立法的正义价值诉求突破了传统立法的限制，是一种贯穿时空维度的正义，既强调从空间维度层面确保代内所有成员得到应得的环境利

---

① 林道海：《法的正义价值：形式、要素与原则》，《宁夏大学学报》（人文社会科学版）2007年第6期。
② 《马克思恩格斯选集》第4卷，人民出版社1995年版，第284页。
③ 王树义：《俄罗斯生态法》，武汉大学出版社2001年版，第15页。
④ 曹明德：《生态法新探》，人民出版社2007年版，第193页。

益,又强调从时间维度层面保障子孙后代应得环境利益实现,简言之,生态立法所追求的正义是一种综合代内正义诉求和代际正义诉求的生态正义。

生态正义(也可称为环境正义)与传统正义的主要差异有:"第一,环境正义表示环境资源法应该合乎自然,即合乎自然生态规律、社会经济规律和以环境正义为基础,尊重所有人民,不得有任何形式的歧视和偏见。第二,环境正义既是将环境资源法学与整个法学联系起来的基本理念,也是将环境安全、环境公平、环境秩序、环境民主、环境效率和可持续发展等各种环境资源法学理念有机联系起来的基本理念。"[①] 作为环境安全、公平、民主等基本环境理念实现前提的生态正义,其落实需要建立在尊重自然、社会和经济规律以及人们的平等权利的基础之上。按照生态正义的要求,生态立法在进行制度设计时,应把当代人和后代人放在同等地位上考虑,兼顾代内利益和代际利益的协调,社会环境成本的计算不但要考虑代内的外部成本,更不能忽视环境资源外部成本时间上的延续性。[②]

(三) 绿色税收制度的正义价值

在工业领域,由于相关绿色法律制度缺失,或者现有制度存在着或多或少的问题,出现了资源能源利用和污染物排放的不经济性,生态环境利用出现了源于外部性的不正义问题。这种不正义存在于分配层面,即法律制度尚未对资源、能源、大气环境容量、水环境容量、土环境容量等使用权进行合理配置。解决此问题,需要创设一些能够配置人们权利和义务的相关法律制度,而非救济性法律制度。为解决工业发展过程中出现的生态环境利用不公正的问题,绿色税收法律制度需要按照分配正义的相关要求去构建。

---

① 蔡守秋:《环境正义与环境安全——二论环境资源法学的基本理念》,《河海大学学报》(哲学社会科学版) 2005 年第 2 期。

② 吕忠梅:《超越与保守——可持续发展视野下的环境法创新》,法律出版社 2003 年版,第 317 页。

1. 生态环境利用的不正义现象

根据产品归属差异，社会产品可以分为公共产品和私人产品两大类。[①] 与私人产品比较，公共产品"将该产品的效用扩展于他人的成本为零，因而也无法排除他人共享"[②]。萨缪尔森指出，公共产品具有非竞争性和非排他性的特征。具体而言，非竞争性是指对于一个特定的产品而言，增加消费者数量，不会造成产品成本的增加。非排他性是指某一市场主体在消费特定产品时不能排除他人消费该产品。

工业对生态环境的影响主要在资源能源利用，以及污染物排放领域。特别是，在污染物排放领域，主要涉及大气、水等生态环境的利用，如果环境容量利用监管缺失，大气、水等生态环境容量则具有了明显的公共产品属性。此时，民法中的等价有偿原则在生态系统利用领域失去了适用意义，排放者无须支付对价，便可以利用生态系统。在自由市场中，生产经营活动受市场规律调节，利润最大化为市场发展的导向，哪里有最大化的利润，资金就会流向哪里。久而久之，大批工厂得以兴建，特别是出现了一大批高耗能、高污染项目。在很多国家的工业化进程中，由于特定时期缺少强有力的监管手段，能源资源被无度利用，大量的大气污染物、水污染物、固体废物等被排放到生态系统中，出现了不少区域性甚至全球性的生态环境问题。在生产活动中，作为理性经济人的生产企业，多会从自身角度去考虑成本和收益的选择，而将经济过程中源于负外部性的大于私人成本的那部分成本（环境成本）转嫁给他人、社会及未来。

生态系统所具有的公共物品属性，决定了在其利用的过程中，外部效应问题在所难免。外部性理论作为环境经济学的基础，也是绿色税收立法的重要理论支撑。外部性指："那些生产或消费对其他团体

---

① 沈满洪、杨天：《生态补偿机制的三大理论基石》，《中国环境报》2004年3月2日第4版。

② [美] 保罗·萨缪尔森、威廉·诺德豪斯：《微观经济学》，萧琛译，华夏出版社1999年版，第29页。

强征了不可补偿的成本或给予了无序补偿收益的情景。"[①] 由该定义可知，外部性具有下述三个特点：第一，外部性发生的领域既存在于生产领域，又存在于消费领域，即外部性既可能影响产品的生产者，又可能影响到产品的消费者。第二，外部性是一种直接影响，该影响未通过市场机制起作用。第三，外部性所产生的社会效果不同，有正外部性和负外部性两种形态：正外部性是指某一主体的行为对其他主体产生了正的效益而没有获得后者的补偿。相反，负外部性则是指某一主体的行为对其他主体产生了负的效益却没有给予后者以补偿。

在工业领域，也存在正负外部性问题。就正外部性而言，企业主动延伸生产者责任，从事了绿色供应链管理、资源回收处理、植树造林等环境友好型活动，往往需要支付额外的成本，但是却很难获得相应补偿。就负外部性而言，不少高耗能、高污染企业，往往从排放活动中受益，而环境治理责任却转嫁给第三方。

从代内视角看，本应由污染者所承担的治理责任和支付的费用却转由国家和其他社会成员负担，责任的无端转嫁，造成社会成员间在利用环境容量方面存在严重社会不公问题。从代际视角看，当代人过度利用生态环境容量，会加剧一些环境问题。这些生态环境问题如果不能在当代缓解或解决，治理生态环境的责任必然会延续到子孙后代，也会带来代际间不公平问题。

正外部性带来的是保护者与其他受益方之间的利益不均衡问题，正外部性不仅不会带来生态环境损害，而且不少活动还有益于生态环境建设。与之不同，负外部性问题的存在，不仅存在利用者与其他社会成员之间的利益不均衡问题，而且还会对生态环境质量造成实质损害。由于生态环境系统利用具有非竞争性和非排他性特征，生态环境利用的"搭便车"现象普遍，随之出现了"公地悲剧"问题，正如哈丁所说的那样，"在一个相信公地可以自由利用的社会中，每个人都会追求自身利益的最大化，从而毁灭了所有人都向往的目的地"[②]。

[①] ［美］保罗·萨缪尔森、威廉·诺德豪斯：《微观经济学》，萧琛译，华夏出版社1999年版，第263页。

[②] Garrett Hardin, "The Tragedy of the Commons", 162 *Science*, 1244 (1968).

因此，解决外部不经济性才是问题的关键。

2. 正义价值的实现路径

（1）相关理论

内化外部成本是实现大气生态系统利用正义的必由之路。但是，在解决生态环境利用外部性问题方面，基于不同的路径选择，也存在着一定的理论纷争。

以庇古为代表的福利经济学家从公共政策角度提出了解决外部性问题的方法。当出现社会边际成本收益和私人边际成本收益相互背离时，市场机制无法解决经济主体间的补偿问题，需要政府通过公共政策方式解决该问题。在纯粹竞争条件下，对于社会净边际成本的价值大于私人净边际产品的价值的每个企业，政府可通过给予资金补贴的方式，使该产业的社会净边际产品的价值更加接近于一般资源的社会净边际产品的价值，从而增加国民所得数量和经济福利的总量。同样，对于社会净边际产品的价值小于私人净边际产品价值的每个产业，政府可以通过征税的方式，以此来增加国民所得数量并增加经济福利。[1] 简言之，在存在外部性的情况下，政府可以通过补贴或者税收解决社会净边际产品价值和私人净边际产品价值相背离的问题，实现外部成本内化。其中，补贴用于解决正外部性问题，而税收则用来解决负外部性问题。

以科斯为代表的新制度经济学家对庇古的理论进行了批判，他指出"庇古税"理论缺陷有三方面：第一，外部性问题不是一方侵害另一方的单向性问题，而是相互的；第二，在交易成本为零的情况下，庇古税根本没必要，通过协商就可以达到资源的最优化配置；第三，在交易成本不为零的情况下，解决外部性问题需要通过对多种政策手段的成本效益权衡比较后才能确定，即"庇古税"可能是高效的制度安排，也可能是低效的制度安排。[2] 科斯在对"庇古税"进行批判后，确立了自己

---

[1] ［英］庇古：《福利经济学》（上卷），朱泱等译，商务印书馆2006年版，第238—239页。

[2] 沈满洪、何灵巧：《外部性的分类及外部性理论的演化》，《浙江大学学报》（社会科学版）2002年第1期。

的理论,即科斯定律。该定律认为,在交易费用为零时,不管法律对产权如何界定,只要交易自由,都可以通过市场实现资源的最优配置。反之,当交易成本不为零,法律对初始产权的界定会影响资源配置效率,因此那些交易成本最小的法律则是最优的法律。[1] 当然,在现实社会中,交易成本往往大于零,按照科斯定律的基本思路,应选择一种交易成本最小化的法律制度,界定出资源的所有权和使用权,来确保实现资源的最佳配置。环境资源作为一种特殊的社会资源,若按照科斯定理的基本思路,明确环境资源的所有权,通过政府的适当干预,并运用私法在环境保护中的重要作用,构建自由的交易规则,那么在环境资源便可以以最小的成本换取最佳的配置效果。[2]

(2) 实现正义的方法

绿色税收的设计,应将正义作为其价值诉求,通过内化外部成本的方式,合理分配当代人之间以及当代人与后代人的利益。为解决内部不经济性问题,绿色税收的设计建议坚持以下思路:一是非例外。在生产经营活动中,税收可调控的领域,都可以发挥绿色税收的作用,以此激励企业可以理性使用资源能源和排放污染物。二是易于实施。绿色税收的设计要简单和易于操作,这样才有助于在实践中发挥应有的作用。三是透明性。绿色税收的类型、征收标准及相关税款等的应用,都需要公开透明,接受公众监督,以确保顺利实施。四是配套性。在运用绿色税收的同时,还需要运用一些配套性的手段,如环境监测。

依托绿色税收,可以缓解企业生产活动对生态环境的不利影响。一方面,从代际层面讲。通过征收绿色税收,提高了企业使用能源资源和排放污染物的成本,会激励企业绿色转型,淘汰高耗能、高耗材、高耗水、高污染的工艺和设备,减缓工业发展对生态环境的影响,有助于从时间维度实现代际公平。另一方面,从代内层面讲。通

---

[1] 施正文:《税收程序法论——监管征收权运行的法理与立法研究》,北京大学出版社2003年版,第236页。

[2] 曹明德:《排污权交易制度探析》,《法律科学(西北政法学院学报)》2004年第4期。

过征收绿色税收,有助于内化生态环境利用的外部不经济性,相关税收可以用于补偿国家或其他社会成员付出的治理成本,缓解损害者与其他社会主体之间的矛盾。

二 秩序价值

秩序是指"在自然进程和社会进程中都存在着某种程度的一致性、连续性和确定性"①。在生态社会中,人类所依赖的秩序有两种,分别是自然秩序和社会秩序。

(一) 传统立法的秩序价值

自然秩序是自然万物之间的一种关系状态,它借助于自然规律的调节作用便能实现其价值。自然秩序具有一致性和模式化等特点,"至少在那些对这颗行星上的生命体的日常生活起着决定性影响的外部自然界的现象中,秩序似乎压倒了无序,常规性压倒了脱轨现象,规则压倒了例外"②。当然,如洪水、地震、海啸等例外也时有发生,在一定程度上具有不可预料性。但是,"只要自然界中不规则的和完全不可预测的现象并未支配物理现象的周期规律性,那么人类就能够依凭可预测的事件发展过程来安排和计划他们的生活"③。总之,自然界所呈现出的规律性占压倒性优势,对于人类生活大有裨益。

社会秩序是指社会成员间的关系状态,它需要"以社会发展规律的调节和人类的主观努力相结合的方式实现其价值"④。与自然秩序相比较,社会秩序价值的实现除了要依靠社会发展规律外,还需要借助于社会成员的主观努力。英国社会学家科恩更进一步解读了社会秩序的特点,他认为:"第一,秩序与社会生活中存在一定的限制、制止、控制有关。第二,它表明在社会生活中存在一种相互性:每个人的行为不是偶然和杂乱的,而是相互回答或补充他人的行为的。第三,它

---

① [美] 博登海默:《法理学:法律哲学和法律方法》,邓正来译,中国政法大学出版社 2004 年版,第 227—228 页。

② 同上书,第 228 页。

③ 同上书,第 229 页。

④ 周旺生:《论法律的秩序价值》,《法学家》2003 年第 5 期。

在社会生活中捕获预言的因素和重复的因素;人们只有在他们知道彼此期待的情况下,才能在社会上进行活动。第四,它能够表示社会生活各组成部分的某种一致性和不矛盾性。第五,它表示社会生活的某种稳定性,即在某种程度上长期保持它的形式。"[①] 按照科恩的解释,社会秩序应具有规则性、相互性、预期性、一致性和稳定性等特点。

秩序的反面是无序。无序是指行为连续性和规则性被打破,不具预测性地从一种情形发展到另一种情形,从而导致人们失去了自信心和安全感。不管在自然界中,还是在人类社会中,都会出现无序现象。在自然界中,根据人为原因是否占据主导性,可以分为非人类主导的无序和人类主导的无序。就前者而言,在人类干扰不占主导时,自然界中的无序往往是极其特殊的例外,不具有时间上的延续性。通过对事件发展过程的预测,人们可以通过安排自己生活的方式减轻危害,负面影响较小,人类不会因为该例外而丧失信心和安全感。就后者而言,在一些领域,若人类对自然的干预程度过强,自然界就会偏离自身演变规律,如雾霾问题的出现。通过对事件发展过程的预测,尽管可以在一定程度上减少危害,但是若放任事态发展,这种偶然会演变成必然,并最终打破现有的自然规律,而形成一种有违常态的畸形规律,从而长期危害到人类的生产和生活,导致人们丧失信心和安全感。前者产生于自然界本身,不具可控性,但是,可以通过事前、事中和事后的预防及应对,尽可能减少损失。而后者产生于人类行为,具有可控性,可以采取相应措施加以缓解或避免。为了使人类生活的生态环境更加安全,应尽力去避免人为原因所导致的自然无序。在人类社会中,资源能源利用和污染物排放的无规性,也引发了大量的生态环境问题。换言之,很多自然无序源于人类社会无序。

为了维持既有社会秩序和预防无序现象的发生,需要采取相应措施。人们可以借助于政策、法律、习俗等主观努力来编制社会的秩序网路。与政策和习俗等相比,法律的预期性、稳定性和确定性较强,

---

[①] P. S. Cohen, *The Modern Social Theory*, 转引自张文显《法哲学范畴研究》, 中国政法大学出版社 2001 年版, 第 196—197 页。

成为维持社会秩序的主要方式。法在维持社会秩序的同时，本身也会成为一种秩序，正如亚里士多德所指出的那样："法律（和礼俗）就是某种秩序，普遍良好的秩序基于普遍遵守法律（和礼俗）的习惯。"① 法的秩序价值有两种，一种是法的行为秩序价值，另一种是法的关系秩序价值。法的行为秩序价值是指"法律制度对于主体的行为的规范价值"，其基本内容为法对于主体行为的"指引作用、评价作用、教育作用、预测作用和强制作用等规范作用"②。法的关系秩序价值是"法律秩序对于社会关系的规范价值"，主要表现为"法律秩序对于国家和社会的基本关系作出规范，对国家和社会的管理关系作出规范，对社会主体之间的某些关系作出规范"③。法的行为秩序价值是一种基础性价值，它对于社会公众守法具有重要引导作用，有助于提高社会公众的法律素养，从而对法的关系秩序价值实现具有促进意义。不管是法的行为秩序价值，还是关系秩序价值，其目标都在于维护社会秩序，正如斯坦和香德所指出的那样，"与法律永相伴随的基本价值，便是社会秩序"④。那么，法是如何实现其秩序价值的呢？通常，法通过确认、创设或调整社会秩序的方式来实现其秩序价值，具体而言：一方面法要对社会中已形成的良性社会秩序予以确认和保护，另一方面法还要去规范即将形成的新秩序，或者对畸形的社会秩序予以矫正。

那么法秩序价值的核心诉求是什么呢？法秩序价值在于确保人类特定需求的实现。美国社会心理学家马斯洛把人的需求分为生理的需求、安全的需求、归属与爱的需求、尊重的需求和发展的需求五个层次。⑤ 其中，安全需求与秩序的关联性最大，秩序可以为社会公众营

---

① ［希腊］亚里士多德：《政治学》，吴寿彭译，商务印书馆1983年版，第353—354页。

② 周旺生：《论法律的秩序价值》，《法学家》2003年第5期。

③ 同上。

④ ［希腊］彼得·斯坦、约翰·香德：《西方社会的法律价值》，王献平译，中国人民公安大学出版社1990年版，第38页。

⑤ ［美］弗兰克·G.戈布尔：《第三思潮——马斯洛心理学》，吕明、陈红雯译，上海译文出版社1999年版，第293页。

造一个安全的环境。"如果没有一个安全的环境,人们每天的日子就有可能过的提心吊胆、魂不守舍、正常的生产和生活就沦为一句空话。"① 在法的秩序价值中,维护社会安全的诉求最为重要,只有在安全的环境中,人们才能正常地生产和生活,也正如张文显教授所指出的那样,"秩序的核心是安全"②。

(二) 生态立法的秩序价值

生态法作为"调整当代人和后代人之间的、关于利用和保护地球而产生的社会关系的法律规范"③,生态法旨在通过对资源开发利用、污染防治过程中所形成的人与人之间关系进行调整,从而达到人与自然关系之和谐。

与传统立法不同,生态立法以生态本位法律观为指导,在制度构建方面,既注重人与人之间的关系,又注重人与自然的关系。所谓的生态本位法律观是指承认自然界、环境要素及生物体的内在价值,承认地球上生物所享有的存在和生存的权利,主张人与自然的和谐相处。④ 生态本位法律观是在对人类本位法律观反思的过程中逐渐确立起来的,且深深影响着生态法的产生和发展,以及生态法律制度的设计。

人类本位主义作为西方近现代社会占据统治地位的价值观念,把人作为生物圈的中心,强调人类利益的至上性,在处理人与自然的关系时,人成为统治者,而自然界则成为被统治的对象。人类本位主义观念深深地影响着西方近现代政治、法律制度的发展和演变,正如笛卡尔所主张的"借助实践哲学使自己成为自然的主人和统治者"。反映在立法上,按照人类本位观念的逻辑思路,资源、能源和环境是作为权利客体而存在的,即使法律对保护生态环境作出规定,也是立足于满足人类需求这个功利的目的。由于人类欲望的无限性和资源、能源及环境容量的有限性之间存在着难以调和的冲突,依照人类本位思

---

① 杨兴:《气候变化的国际法之秩序价值初探》,《河北法学》2004年第5期。
② 张文显:《法哲学范畴研究》,中国政法大学出版社2001年版,第197页。
③ 曹明德:《生态法新探》,人民出版社2007年版,第193页。
④ 曹明德:《略论生态法的理论基础》,《法学研究》2002年第5期。

想所制定的立法必然使环境利益让步于经济利益，资源、能源滥用和过量排污的局面难以得到解决，最终会扰乱自然秩序，导致生态危机会愈演愈烈。

生态本位法律观与人类本位法律观存在根本区别，主要表现在以下几方面：首先，道德关怀范围不同。人类本位法律观主张主客二分法，割裂了人与自然界的关系，强调"只有人才能作为理性存在物，具有内在价值，其他存在物都没有内在价值，仅具有工具价值，它们存在于人类伦理关怀和人类共同体范围之外"[①]。而生态本位法律观所关注的对象不仅包括人类本身，还包括生态系统、自然过程以及其他自然存在物，它强调以生态为中心，是一种整体主义的法律观。按照生态本位法律观的思路，在处理人与其他自然存在物的关系时，人类要摆脱狭隘的人类本位观念的束缚，把道德关怀的范围扩大到一切自然存物，并用生态本位立法去保护它们。海德格尔也曾说过："人不是存在者的主宰，人是存在者的看护者。"其次，对自然界的价值认知不同。人类本位法律观仅强调自然界的外在价值，即主张自然界仅具有在满足人类生存、发展需要方面的工具性价值。该认识论的信条是，"自然界的多样性作为一种资源是有价值的"[②]。而生态本位法律观念在强调自然界的外在价值的同时，还强调其内在价值。自然界的内在价值表现在，自然对除了人之外的其他生命的生存以及自然界本身的发展和演化所具有的价值。生态本位法律观强调自然界外在价值和内在价值的统一，是一种整体价值观。[③] 最后，解决生态危机的对策不同。人类本位主义法律指出解决生态危机的方法在技术主义，试图在不触动人类的价值理念、政治体制和经济结构的前提下，单纯依靠技术进步来解决生态危机。因此，立法在处理经济发展和环境保护的关系时，注重鼓励技术进步和经济发展，却忽视环境保护，采取经济发展优先的立法理念。而生态本位法律观强调，人类所面临的生态

[①] 曹明德：《生态法新探》，人民出版社2007年版，第2页。

[②] 王正平：《深层生态学：一种新的环境价值理念》，《上海师范大学学报》（哲学社会科学版）2000年第4期。

[③] 钱俊生、余谋昌：《生态哲学》，中共中央党校出版社2004年版，第281页。

危机，本质上是文化和价值层面的危机，必须确立保障人与自然和谐相处的新的价值观念、行为模式，才能从根本上解决生态危机，因此，立法强调环境保护，注重以法律生态化的方式，调和经济发展和环境保护的关系，采取的是生态优先的立法理念。

生态法对于生态环境的特殊关注，决定其秩序价值中的安全诉求会侧重于环境保护。换句话说，生态法所关注的要点在于生态安全。生态安全是指"与人类生存息息相关的生态环境及自然资源基础（特别是可再生资源）处于良好的状况或不遭受不可恢复的破坏"①。生态安全的反面是生态不安全。在人类利用生态环境的过程中，由于没有协调好人与自然之间的关系，无规则利用现象泛滥，透支自然资源、污染环境和破坏生态的现象比比皆是，导致自然规律异常，自然界频繁报复人类，人与自然之间的关系不再和谐，生态环境处于不安全状态。在生态社会中，生态安全和生态不安全都存在，一些领域的生态环境处于安全状态，而另一些领域的生态环境则处于不安全状态。生态法属于对资源、能源和环境要素保护的立法，它在关注生态要素实现其外在价值的同时，更注重保护其内在价值，强调生态要素外在价值和内在价值的统一，既要实现人类对资源、能源和环境利用目的，又要保证资源、能源和环境在可持续利用的尺度下，完成自然界本身的发展和演进过程。

（三）绿色税收制度的秩序价值

1. 生态环境利用的无序问题

生态是否平衡是判断产生生态环境影响的人类活动是否有序的一项重要标准。生态平衡是指："在一定时间内生态系统中生物和环境之间以及生物各种群之间相互制约、维持某种协调，并由于系统内在的调节机制而遵循动态平衡法则，使能量流动、物质循环和信息传递达到一种动态结构的相对稳定状态。"②"一个相对稳定的生态系统，在一定范围内，对于外界的干扰、破坏有一定的自我调节能力，因而

---

① 赵惊涛：《生态安全与法律秩序》，《当代法学》2004年第3期。
② 曲仲湘、王焕校等：《生态平衡概述》，《生态学杂志》1982年第4期。

在一般情况下，能够保持其巧妙的平衡。"① 当生态系统处于平衡状态时，随着生态功能的稳定发挥，它会源源不断地造福人类。反之，如果人类干扰、破坏生态系统的程度超过其修复能力，就会导致生态失衡，自然界不但不会成为人类的财富，而且还会报复人类。② 人们若合理利用生态系统的构成要素，会在不断打破旧平衡的同时而建立新的平衡，使生态系统周而复始地处于稳定状态，保障其周期性地为人类提供必要的生态产品和服务，自然界就成为人类取之不尽的财富。

工业生产活动是资源消耗和污染物排放的主要领域，若超过一定的度，就会导致生态失衡。就资源开发而言，属于人类向自然界索取物质或能量的活动，倘若不顾及资源的储量或更新能力，在一定时期内索取过多，就会出现生态系统在调节过程中所需的物质或能量不足，而出现生态失衡。就污染物排放而言，它属于人类向自然界输入多余物质或能量的活动，如果不考虑特定生态系统容量的有限性，就会出现生态系统自我调节过程中所需的物质或能量过剩，从而出现生态失衡。总之，盲目向自然界索取物质和能量的资源开采活动，以及向自然界输入物质或能量的排污活动，如果超越了一定的度，都会造成生态失衡。

自工业革命开始，随着化石燃料的大量使用，人为排放的温室气体量日益增多，并逐渐超越了自然"汇"的吸收能力，即使人类采取了相应的减排措施，但是封存、减排的温室气体量极为有限，并没有从根本上缓解温室气体排放量持续增长的趋势。目前，大气中的温室气体含量已严重超标，该生态系统难以完成自我调节，大气辐射强度远远偏离了其正常水平，全球气温变暖趋势加剧。依据世界气候组织公布的1880—2010年的记录，全球气候变暖的趋势已相当明显。其中，2001—2010年这十年是有气象记录以来气温最高的时间段，2005年和2010年占据年最高气温前三甲中的两席。虽然现有气象记录仅统计了全球100多年的气温，还不能反映出更长周期内全球气候

---

① 长青：《生态平衡的概念》，《学习与探索》1979年第4期。

② 同上。

的变化规律,但是,如果不关注这一变暖趋势,并积极采取措施,可能会产生灾难性的后果。世界资源学会的研究报告也表明,全球气温若再上升两摄氏度,全球环境就会面临不可避免的灾难性变化。

在气温持续升高的过程中,一是生态平衡被打破,大气生态系统利用的自然秩序被打破,自然便开始报复人类。二是生物多样性受到威胁。气温的持续升高,超出了部分动植物的适应能力,大批的动植物在减少,甚至濒临灭绝。三是自然灾害加剧。自然灾害属于地球生态系统自我调节过程中的正常现象,然而,由于气温升高,造成气候系统异常,加剧了与大气循环相伴而生的自然灾害发生的频率、强度和范围等。以飓风为例,美国国家飓风研究中心指出,在全球气温持续升高的过程中,飓风发生频率也在随之提高。在1945—1955年十年间,北大西洋区域发生飓风的次数为75次。然而,在1995—2005年十年间,北大西洋区域发生飓风的次数为112次。

2. 秩序价值的实现路径

按照生态本位法律观的逻辑思路,资源、能源和环境要素都是大自然的组成要素,都应属于道德关怀对象。因此,人类应该有序利用生态系统,并保持其处于平衡状态。生态法的秩序价值要求绿色税收的设计,在关注社会秩序的同时,也要关注自然秩序,并从人与自然关系的角度出发,通过调整人与人之间的关系,达到有效维持社会秩序和自然秩序的双重目的。一方面,实现社会秩序的维持。通过征收绿色税收,可以起到内化企业外部不经济性的作用,缓解排污者与第三方之间的关系。另一方面,调整人与自然的关系。通过对人与人之间关系的调整,那些无规则性的生态环境利用行为会得以矫正,企业会从非理性走向理性,随着资源能源利用效率的提高和污染物排放量的减少,工业发展对于生态环境的不利影响会减小,人与自然之间的关系会从不和谐走向和谐。

三 效率价值

效率是指"在给定的投入和技术条件下,对经济资源做了最大可能满足水平的使用"①。效率作为"经济学所要研究的一个中心问题"②，是任何经济学家都不可回避的问题。随着经济学研究方法适用范围的扩大，效率分析也被逐渐运用到社会制度设计及运作的评判中。与此同时，各种社会制度也把实现效率最大化作为其基本诉求。一种社会制度的效率价值包括经济效率价值和社会效率价值两方面内容。具体而言，经济效率价值主要反映运用此种制度时投入和产出的比例关系，而社会效率价值主要反映社会成员对运用此种制度的总体评价。③然而，社会制度的效率价值突破了传统经济学的限制，在强调制度设计、实施中投入与产出比例关系的同时，更注重制度运行所产生的社会影响。

（一）传统立法的效率价值

法律作为社会制度的一种，它同样具有经济效率价值和社会效率价值的双重诉求。有学者认为法律的效率是"法律的社会目标与法律作用的现实结果之间的比值"④。并把法的效率分为自身效率和社会效率两种类型，具体而言，法的自身效率是指"人们是否按照法律规定作出了某些行为，即人们的行为是否具备合法性"⑤，而法的社会效率则是指"人们的行为是否实现了立法者所期望的更深远的社会目标"⑥。这些学者在对法律效率进行定义及分类时，更侧重于法的社会效率价值诉求，不管他们所主张的是法的自身效率，还是法的社会效率，都把落脚点放在对人行为的作用效果上，而该效果也恰恰是人们对法律制度评价的依据。当然，法律制度对人类行为的规范效果直接影响着社会成员对于该制度的评价这一法律社会效率价值诉求。然

---

① Paul A. Samuelson, William D., *Nordhaus*: *Economics* (17th Edition), Mc. Graw-Hill Co., Ltd., 762, 763 (2000), 转引自于文轩《生物安全法之效率价值探析——兼评盖斯福德生物技术经济学的效率观》，《清华法学》2009年第3期。

② [美] 保罗·萨缪尔森、威廉·诺德豪斯：《经济学》（第12版），萧琛译，中国发展出版社1992年版，第45页。

③ 张文显：《法哲学范畴研究》，中国政法大学出版社2001年版，第212—213页。

④ 胡卫星：《论法律效率》，《中国法学》1992年第3期。

⑤ 同上。

⑥ 同上。

而，法的经济效率价值诉求也不容忽视，如果一项法律制度的实施虽然获得了社会公众的好评，但是该制度的投入要远远大于收益，那么它同样不符合效率价值诉求。因此，一个符合效率价值诉求的法律制度需要同时满足经济效率和社会效率的双重要求。

(二) 生态法的效率价值诉求

生态法律制度的效率价值诉求不同于传统法律制度，无论所诉求的经济效率价值，还是社会效率价值，都含有可持续发展理念，追求着一种可持续的效率价值。

在一定程度上讲，可持续发展理念是生态法效率价值确立的基础。可持续发展理念指出，在发展经济的同时要兼顾环境利益，使经济、社会、资源和环境保护相协调，使发展既能满足当代人需求，又不损害后代人的需求能力。这一理念包括两方面内容，即代内公平和代际公平。其中，就代内公平而言，可持续发展理念认为："当代生态危机主要由发达国家对全球资源的过度占有和消耗造成，起源于发达国家对发展中国家及欠发达国家在生态资源上的掠夺，从而造成人为的不平等。"[①] 可以说，贫困是导致生态危机的根源。发达国家应按照相应的历史责任，承担更多的现实义务，包括对发展中国家提供经济、技术援助。就代际公平而言，地球上的自然资源及生态系统应当实现代际共享。地球资源及生态系统，是人类所有成员，包括上一代、这一代和下一代共同享有的，我们无权透支子孙后代所享有的资源及生态环境。[②] 依据"地球资源的信托原则"的基本思路，"作为这一代的我们，我们受托为下一代掌管地球，与此同时，我们又是受益人有权使用并受益于地球"[③]。因此，我们这代人利用地球资源及生态环境，应采用一种谨慎的态度，不能超出合理必要限度而利用自然资源和生态环境。

在工业化进程中，人类向自然界索取能源资源的数量呈指数增长，与此同时将大量的污染物排入环境中，资源、能源短缺和环境污

---

① 曹明德：《生态法新探》，人民出版社2007年版，第23页。
② 同上书，第23—24页。
③ 同上书，第224页。

染问题已相当严峻，逐渐成为制约工业可持续发展的瓶颈。从代内的角度讲，西方国家往往把一些重污染或高耗能产业转移到发展中国家或落后国家，在获取高额利润的同时，优质产品优先供发达国家居民享受，"资源带走，污染留下"的绿色殖民主义仍在蚕食着发展中国家。从代际角度讲，如果不改变生产方式和消费模式，资源过度消耗及污染物大量排放的趋势将无法得以扭转，会造成后代人生活质量下降，可供后代人使用的自然资源的种类及数量会减少，以及赖以生存的环境质量继续恶化。

可持续发展理念秉承了生态自然观的基本观点，从正确处理人与自然的关系入手，提出了经济发展的新思路。该理念指出在经济发展的同时，人要与自然协调共生，建立新的道德观念和价值标准，并学会尊重自然、师法自然、保护自然，与之和谐相处。[①] 可持续发展理念指明了生态法的发展方向，即"治理已产生的污染和生态破坏及防止新的污染和生态破坏方面，是否制定和执行了有效的制度、规则和办法，使经济资源得到合理地配置，最大限度地满足人们对良好环境及持续发展的要求"[②]。

生态法律制度只有妥善地解决好环境污染、生态破坏和资源枯竭等生态环境问题，才能实现其可持续性的效率价值诉求。具体而言，一方面，环境污染和生态破坏属于市场失灵的表现，生态环境利用的外部不经济性成本无法内化，市场在资源配置方面呈现无效或者低效；另一方面，资源枯竭源于自然资源生态价值的缺失，其价格出现扭曲，也同样会出现市场在资源配置方面的无效或低效。当市场出现失灵时，生态环境将难以可持续利用，这时就需要生态法律制度的介入，运用"产权制度、环境监督管理体制、环境侵权无过失责任制度"[③] 等生态法律制度来确保生态环境的可持续利用，以此来实现生

---

① 参见《可持续发展》，2008年9月，中国共产党新闻网（http://cpc.people.com.cn/GB/134999/135000/8104098.html）。

② 杨筱玲：《论环境法的效率观——树立新的环境效率价值》，《江西社会科学》2003年第7期。

③ 汪斌：《环境法的效率价值》，《当代法学》2002年第3期。

态法律制度的效率价值诉求。

（三）绿色税收制度的效率价值

可持续性理念除了注重代内公正外，也注重代际公正，强调一种持续性的、全方位的效率，而非一时性、单一性的效率。但是，在生态环境利用方面，却存在过于强调短期经济效率而忽视长远的生态效率和社会效率的问题。

绿色税收作为推动工业绿色发展的重要手段，应确立正确的效率价值诉求，兼顾代内公正与代际公正。在工业发展过程中，若不对能源资源利用及污染物排放行为加以有效规制，企业往往不会主动改进技术装备和工艺，生产活动对生态环境的影响会进一步加剧。征收绿色税收，可以在一定程度上克服市场失灵问题，引导产业结构调整、传统产业升级改造以及节能环保产业发展，逐渐形成环境友好型的生产方式。因此，绿色税收的设计，在确保不对企业经济效益造成过大影响的同时，追求更多的是生态效益和社会效益。

生态效益是指"生态系统服务对人类福祉的贡献，以及给人类所提供的有价值的产品"[1]。由该定义可知，生态效益来源于"人类直接或间接从生态系统得到的利益，主要包括向经济社会系统输入有用的物质和能量、接受和转化来自经济社会系统的废弃物，以及直接向人类社会成员提供服务（如，人们普遍享用街景、空气、水等舒适性资源）"[2]。

根据能否通过市场机制实现价格补偿，生态系统服务可以分为生态系统产品服务和生态系统功能服务两种类型。生态系统产品服务是指生态系统为人类带来直接经济福利的相关生态要素，主要有食品、药物、原材料等。生态系统功能服务是指人们从生态系统中获得的效益，[3] 如，生态系统发挥的气候调节、水分调节、干扰调节、养分循

---

[1] Iovanna, R., Griffiths, C., "Clean Water, Ecological Benefits, and Benefits Transfer: A Work in Progress at The US EPA", 12 *Ecological Economics*, 475 (2006).

[2] 《生态系统服务理论》, http://eedu.org.cn/Article/ecology/ecologyth/ecosystem/200609/9884.html.

[3] 参见《千年生态系统评估报告》。

环、遗传资源、休闲和文化等功能。① 比较而言，生态系统功能服务是基础性服务，只有在生态系统调节功能稳定发挥的前提下，生态系统才能为人类提供源源不断的生态产品。在现有的市场机制下，生态系统产品服务可以通过市场交换方式实现其价值补偿。但是，生态系统功能服务因具有公共物品属性，很难通过现有的市场机制补偿其价值。在现有市场机制下，大部分生态系统服务价值未得以补偿，是否意味着这些服务没有价值呢？答案是否定的。Robert Constanz 等人对世界上 16 个生物群落所提供的 17 种生态服务价值进行了估计后，指出每年生态系统服务价值为 16 万亿—54 万亿美元，平均值为 33 万亿美元。该价值远远地超过 1997 年全球 GNP。② 这一价值也就是全球生态系统向人类所提供的生态效益。为了实现生态效益的最大化，需要确保"生态平衡和生态系统的良性、高效循环"。绿色税收对于实现生态效益最大化具有促进作用。通过征收绿色税收，增加了企业利用能源资源和排放污染物的成本，可以起到一定的经济激励，督促企业去发展绿色工业。随着生态系统逐步改良，生态系统的调节功能会逐渐恢复到正常水平，从而生态系统功能服务的质量会随之提高。在生态系统服务功能改善的同时，生态系统产品服务质量也会随之上升。总之，运用绿色税收调控工业生产行为，有助于提高生态系统所产出的生态效益。

　　社会效益是指"一项经济活动对于个人以及溢出效应影响到的第三人的全部效益。它是个人效益和任何外部效益的总和"。从该定义可以看出，社会效益包括两部分内容，一部分是从事某项经济活动的个体所获得的效益，另一部分是该项经济活动溢出效应影响到的第三方所获得的效益。具体而言：一方面是个体所获得的效益。个人所获得的效益主要反映从事某项经济活动时成本投入和经济产出之间的关系。当然，这种效益存在正和负两种可能性。另一方面，某项经济活动不管产生正的效应，还是负的效应，都会发挥溢出效应，从而影响

---

① 张仲新、张新时：《中国生态系统效益的价值》，《科学通报》2000 年第 1 期。

② Robert Costanza et al., "The Value of The World's Ecosystem Services and Natural Capital", 387 *Nature*, 253 (1997).

社会第三方所获得的效益。溢出效应同样会存在正的社会效应和负的社会效应。当然，在某项经济活动进行中，当个人和社会所获得效益都为正时，是最佳状态；当个人和社会所获得效益都为负时，是最差状态。此外，还会存在两种较为特殊的中间状态，一种是个人效益为正、社会效益为负的状态，另一种是个人效益为负、社会效益为正的状态。其中，最佳状态不需要进行规制，它便能产生最大的社会效益。比较而言，在最差状态中，个人和第三方都不会从经济活动中受益，这种状态随着市场机制作用的发挥，会逐渐消失。然而，在两种中间状态中，都是一方受益，另一方受损，而且市场机制无法矫正该畸形状态。在生产经营活动中，为了节约治理成本，企业一般不愿意主动开展环保工作。此时，工业发展产生的环境影响会越来越大，生态环境问题会频发，但治理责任和适应成本却转嫁由第三方承担。简言之，企业获得了正的经济效益，负效益却要由社会公众承担。这时，个人效益与社会效益相互背离。通过征收绿色税收，生态环境利用成本会随之增加。为减少绿色税收支出，企业改进技术工艺的意愿会增强，即使一些企业没有及时改进技术工艺，但是其也会为治理相关生态环境问题支付相应的费用，责任不会再无端转嫁给第三方。

第二节　绿色税收立法的宏观构思

对绿色税收立法进行宏观构思，解决好立法理念、目的、体系、进程、指导原则等关键问题，将有助于指导具体税收的设计及实施，更好地服务工业绿色发展。

一　立法理念

立法理念是法律的灵魂，"只有科学地确立立法理念，才能正确地界定立法的本质，并有效地指导立法活动"[①]。在经济发展的过程

[①] 陈兴良：《立法理念论》，《中央政法管理干部学院学报》1996年第1期。

中，之所以会出现生态环境问题，关键是没有处理好两大关系：人与人之间的关系以及人与自然之间的关系。其中，人与自然的关系最为直接，主要表现为和谐或不和谐两种状态。现阶段，人与自然不和谐现象越来越多，区域性乃至全球性的生态灾害频发。人与自然的关系虽然最为直接，但是主要通过人与人之间的关系起作用。人与自然关系的不和谐也从一个侧面反映出人与人之间的关系出现了问题。只有处理好人与人之间的关系，才有助于调和人与自然之间的紧张关系，缓解乃至解决生态环境问题。值得注意的是，处理人与人之间的关系并非易事，既要注重物质层面利益的重再分配，也要注重精神层面理念的选择问题。其中，后者起着决定性作用。也就是说，理念革新对于解决生态环境问题起着至关重要的作用。

法律作为社会关系的调节器，应与时俱进。因此，指导法律制度构建的理念也应随着时代的发展而加以革新。纵观环境保护立法史，不少法律法规虽然同属保护环境的范畴，但是由于不少立法的理念存在偏差，即使冠以环境保护的名头，也仅仅是维持经济发展的工具，而非环境保护的手段。在进行绿色税收立法时，确立正确的理念，对于税收设计乃至实施都起着重要的指引作用。

随着生态环境问题的出现，人们开始反思自己的行为，国内外都提出了一些重要理念，用于指导立法实践。其中，可持续发展理念最具代表性，提出了处理经济发展与环境保护关系的新思路。可持续发展强调时间上的延续性，要求在经济发展的过程中，处理好经济发展与人口、资源和环境之间的关系，实现人与自然以及当代人与子孙后代之间的和谐。该理念对于生态环境保护类立法，具有重要的指导意义。

1995年，我国开始实施可持续发展战略，提出绝不能吃祖宗饭，断子孙路，走浪费资源和先污染、后治理的路子。此后，在处理经济发展与环境保护关系方面，有了一种新的思路。2003年10月，党的十六届三中全会提出了"科学发展观"的发展战略思想。其中，实现可持续发展是科学发展观的重要体现。2012年，党的十八大明确提出生态文明建设，确立了"五位一体"的整体布局，全面推进经济建设、政治建设、文化建设、社会建设和生态文明建设。十八届五中全会提出创新、协调、绿色、开放、共享"五大"发展理念,将绿色发展提升至战略高度,作为关乎我国全局发展的一项重要理念,体现了国家对经济发展与环境保护关系认识的深化,指明了经济发展的绿色走向,有助于形成以资源消耗低、环境污染少、产品附加值高、生产方式集约为特征的一种经济状态。

绿色发展与可持续发展一脉相承,指明了经济发展的新思路。绿色发展理念体现了可持续发展观的相关要求,以生态文明建设为落脚点,强调"发展仍是我国当前及今后一段时间的首要任务,生态文明建设并未否定发展,而是倡导转变发展模式,在环境容量允许的范围内排污,将不可再生资源及能源的消耗降至最低,并在发展中逐步解决环境问题,实现人与自然的和谐发展及生态环境可持续利用"[①]。

作为推动工业绿色发展的相关税收,建议以可持续发展理念为指导进行构建,使绿色税收成为调节经济发展与环境保护关系的重要保障,既不能一味追求经济发展而放缓环境保护,也不能仅考虑环境保护而忽视发展,而是在经济发展与环境保护之间寻找平衡点,在推动工业绿色发展的前提下,尽量将税收对工业发展的影响降至最小。

二 立法目的

立法目的是立法理念的具体化。同时,也为立法原则及相关制度的构建指明了方向。税收是国家利用政治权力强行参与社会剩余产品分配来筹集公共收入的活动。[②] 正如霍尔姆斯所说,"税收是我们为文明社会付出的代价"。政府在向民众征税的同时,会把税收收入用于增加社会福利,使民众从中受益。最初税收多用于增进财政收入,直到进入20世纪,随着生态环境问题的出现,一些国家开始尝试运用税收去调节产生生态环境影响的活动,作为行政管制的必要补充。由此,生态环境保护类税收的性质随之发生变化,作为一种政策性税

---

① 毛涛:《生态文明建设应避开三大误区》,《中国环境报》2015年8月28日。
② 王振宇、武丽:《构建税收的合法性基础》,《地方财政研究》2006年第1期。

收，主要作用是保护生态环境，而非增加财政收入。在工业绿色发展的背景下，将可持续发展理念作为指导我国绿色税收立法的基本理念后，就需要围绕此理念设计立法目的。绿色税收作为工业可持续发展的重要保障，通过税收价格指引，有助于激励企业提升管理水平，运用先进的技术、工艺及装备，减少资源能源消耗和污染物排放，减缓乃至消除工业发展对生态环境的不利影响。因此，需要将保护生态环境作为绿色税收立法的首要目的，而非一味增加财政收入。

三 立法原则

立法原则是立法理念及目的具体表现，并对相关绿色税收的设计及实施起着重要指导和规范作用。

（一）一般性原则

绿色税收的设计，需要坚持税收法定、税收公平、税收效率等基本原则。税收法定原则要求与工业绿色发展相关的税收必须依法设定，是一项最为根本的原则。公平和效率是保障税收顺利征收的重要保障。税收公平原则要求一视同仁对待纳税义务人，实现横向和纵向两个维度的公平。税收效率原则包括经济效率和行政效率两个维度，前者侧重于评估征税对经济的影响，后者侧重于考察征税是否以最小的成本获取了最大的税收收入。与工业绿色发展相关的税收，有别于传统的税收，征税目的主要是保护环境，而非纯粹地增加财政收入。因此，在适用一般性原则的同时，也需要根据环境税收的特殊性，确立一些特殊性原则。建议将生态优先原则、风险预防原则和全程管理原则作为指导绿色税收立法的三项特殊原则。

1. 生态优先原则

生态优先原则是指"在处理经济增长与环境保护之间的关系问题上，确立生态环境保护优先的法律地位，作为指导调整社会关系的法律准则"[1]。该原则明确了税收的价值选择问题，在环境利益与经济利益孰轻孰重抉择方面，通过征收绿色税收，足以起到激励相关企业改

---

[1] 曹明德：《生态法新探》，人民出版社2007年版，第227—228页。

变行为方式的作用。以生态优先原则为指导设计的绿色税收，需要贯彻全生命周期的理念，对产品进行从"摇篮"到"摇篮"的管理。与此同时，税款流向也要坚持生态优先的要求，相关税收收入专款用于生态环境治理及企业能力提升等工作。

2. 风险预防原则

风险预防原则是指人类活动有可能对人体健康造成危害，或者对于生态环境可能造成严重的、不可避免的危害时，即使没有充足的科学证据证明该危害会必然发生，也应积极采取应对措施的准则。比如，温室气体排放与全球气候变暖之间有无必然联系还存在着争议，但是现有的气象记录似乎已反映出了一种趋势：随着大气中温室气体含量的增多，全球气温会持续上升。若等到有充分的科学证据证明该联系时，再去决定是否采取应对措施，或许已经错过了最佳时机。风险预防原则作为目标性原则，指明了绿色税收设计的方向。在工业生产过程中，对于一些存在风险性的行为，也可以通过绿色税收进行调控。

3. 全程管理原则

全程管理原则是指行政机关对市场主体所从事的对环境有影响的经济活动进行全过程管理的准则。征收绿色税收不仅需要纳税义务人进行申报，也需要环保部门提供相关数据，还需要税务部门按照法定程序进行征管，涉及的主体较多，程序复杂。这就需要对整个过程进行系统管理，避免出现疏漏。以该原则为指导，在绿色税收征收前、征收中、征收后的各个阶段，税务机关和环保机关都需要密切合作、严格管理，避免出现偷税漏税现象，最大限度地发挥绿色税收的激励作用。

当然，这些原则会相互影响、相互融合、相互交叉和相互渗透，共同用于指导绿色税收的制度设计及实施。

(二) 专门性原则

1. 污染者付费原则

污染者付费原则指对环境造成污染的单位和个人，应承担起支付污染治理费用的责任。这为设置污染防治类税收提供了依据。企业向环境直接或间接排污后,会造成环境质量下降,比如常见的大气污染、水污染、土壤污染现象。若没有相应的制度规制,企业从排污中受益,而治理责任却转嫁给第三方。通过污染者付费,可以内化排污行为的外部不经济性,由排污者支付治理污染的相关费用。应从广义视角理解污染者所付的费,既包括费,也应包括税。在费改税的大背景下,我国已经顺利实现了由"排污税"向"环境税"的平稳过渡,行政色彩相对浓厚的排污税将于2018年1月1日被环境税所取代。那些向环境排放污染物的企业在向国家缴纳税收之后,其付费义务已完成,相应的污染治理责任将转由国家承担。

2. 有偿使用原则

有偿使用原则是指生态环境使用者应向所有权人支付相关费用。该原则为与资源和能源利用相关的税收的设计提供了指引。在资源和能源的利用领域,使用人向所有权人支付的费用具有一定的特殊性,不仅要体现经济价值,而且要体现生态价值。资源和能源作为生态系统产品服务的这部分价值,可以通过市场交换得以实现。但是,作为生态功能产品服务的这部分价值,很难在现有市场机制下得以体现。调整资源能源使用活动的绿色税收,在考虑其经济价值的同时,需要增加生态价值的内容。征税后,在保障国家对资源和能源经济收益权实现的同时,也可以为资源养护、新能源开发等筹集到必要资金,以此确保生态系统的可持续利用。

3. 受益者补偿原则

受益者补偿原则是指从改良的生态系统服务中受益的单位和个人应支付改善生态环境的相关费用。受益者补偿原则主要源于生态补偿理论。曹明德教授认为:"生态补偿机制是自然资源有偿使用制度的重要内容之一。所谓自然资源有偿使用制度,指自然资源使用人或生态受益人在合法利用自然资源过程中,对自然资源所有权人或对生态保护付出代价者支付相应费用的法律制度。"[①] 曹明德教授进一步对"自然资源有偿使用制度"的概念进行剖析,他认为这一概念包括两

---

① 曹明德:《对建立我国生态补偿制度的思考》,《法学》2004年第3期。

层含义，即"一是自然资源作为资源性资产，具有经济价值和生态价值，使用权人向其所有权人支付一定的费用，这是所有权人实现其经济利益的方式；二是对生态环境保护做出贡献并付出代价者理应得到相应的经济补偿，而生态受益人也不能免费使用改善了的生态环境，应当对其进行补偿，因为，生态功能是具有价值的。所谓生态补偿，是指生态系统服务功能的受益者向生态系统服务功能的提供者支付费用"[①]。上述两个生态补偿概念都含有生态系统服务受益者对提供者付费之意。依据生态系统服务受益者对提供者付费这一理念所提供的思路，受益者补偿原则应运而生。在一定时期内，特定辖区的生态系统服务水平相对稳定。该辖区内的单位和个人若希望享受到更好的生态系统服务，就需要国家或地方政府投入额外的资金用于环境治理或生态养护工作。基于民法中的等价有偿原则，从改良生态系统服务中受益的单位和个人理应支付改良生态的额外花费。

4. 损害者恢复原则

损害者恢复原则是指那些对生态环境造成损害的单位和个人，应当承担起治理生态环境的责任。该原则可以用于指导生态破坏恢复领域绿色税收的设计。与"污染者付费原则"一样，该原则为生态环境利用的外部不经济性内化提供了指引。通常而言，污染者付费原则适用于污染防治领域，而损害者恢复原则适用于生态破坏治理领域。一是自然资源开采领域。自然资源开采活动往往会对周边生态环境造成影响，开采者从中受益，而生态环境的治理责任却转嫁给第三方。二是生态建设领域。一些工业项目往往会对周边生态环境造成严重的损害，若没有适当的手段进行规制，治理责任往往也会转嫁，造成社会不公。对自然资源开采者、生态环境利用者征收相关税收，可以内化外部不经济性，也可以为生态环境治理和恢复筹集到资金，以确保资源及生态环境的可持续利用。

四 立法体系

健全的工业绿色发展税收体系，应当是中央立法和地方立法相结

[①] 曹明德：《生态法新探》，人民出版社2007年版，第292—293页。

合,综合立法和单行立法相呼应,程序立法和实体立法相配套的完善体系。建议主要包括以下几方面内容。

(1) 专门性税收立法

当前的生态环境问题主要源头之一是工业发展。工业在消耗能源资源的同时,也排放了大量污染物。对此,设立专门的排污税、能源税、资源税等,可以做到"对症下药",解决工业发展过程中棘手的生态环境问题。在此需要说明的是,工业虽然是能源资源消耗和污染物排放的重点,但是没有必要"头痛医头""脚痛医脚",完全可以拓宽相关专业性税收的调控范围,涵盖工业、农业、生活、建筑、交通等多个领域。2016年出台的《环境保护税法》将部分污染物排放行为纳入调控对象,属于专门的排污税。随着该税收的实施,对于大气污染物、水污染物、固体废物、噪音等工业污染排放的管制更具针对性,将有助于减少相关污染物的产生。对于资源、能源利用领域,为更好地发挥税收的激励作用,形成节约、高效的利用体系,也有必要设立专门的资源税和能源税。

(2) 相关税收立法

耕地占用税、城镇土地使用税、土地增值税等税收调节的对象,也会或多或少地涉及工业生产活动。此类税收的调控对象并非直接针对工业原料、燃料使用或者污染物排放行为征税,但是通过征收此类税收,主要起到督促企业节约用地、集聚发展等作用,也有助于督促企业向绿色发展的方向转型。除了设置排污税、能源税、资源税等专门性税收外,也需要完善与工业生产活动相关的税收立法,比如针对企业建设活动征收生态恢复税,以实现对工业发展活动全方位的绿色税收规制。

(3) 其他立法

专门税收立法和相关税收立法主要从供给侧视角对工业生产活动进行规制,以加快企业绿色发展步伐。除此之外,也需要从需求侧发力,鼓励绿色产品消费,特别是涉及生产设备改进和绿色采购相关的税收。在现行法律体系中,不少调控经济发展活动的相关立法,会设置一些激励性的税收条款。《循环经济促进法》所规定的税收优惠政策就是一个很好的范例。该法第 44 条规定:"国家对促进循环经济发展的产业活动给予税收优惠,并运用税收等措施鼓励进口先进的节能、节水、节材等技术、设备和产品,限制在生产过程中耗能高、污染重的产品的出口。具体办法由国务院财政、税务主管部门制定。"[①]此类税收优惠措施多属援引性条款,以此可以起到激励节能环保行为的作用。因此,类似的税收优惠条款需要广泛应用到与生产活动相关的税收立法中,激励更多的企业去更新技术、装备和工艺,实现节能降耗、提质增效。

五 立法进程

我国绿色税收立法工作,建议采用"渐进式"的立法思路,从"探索性立法"逐步过渡到"全面性立法"。一是"探索性立法"。以积累立法经验为重,从一些易于操作的领域开始,或先选择一些地方进行工业绿色发展立法试点工作。在污染防治方面,此前我国已经开展了与税收相类似的"排污费",随着环境税的出台,顺利实现了"排污费"向"排污税"的过渡,是探索性立法的一个典范。对于大气、水、固体废物、噪声之外工业污染物的税收管制,以及对能源、资源使用的专门性税收等,都还需要逐步探索。针对此类对象的管制,可以先开展试点工作。在试点区域选择方面,既要选择一些经济发达区域,又要选择一些欠发达区域进行试点,还要选择一部分经济发展适中的区域,这样才有助于检验税收的普适性。建议结合国家大的发展战略,在长江经济带、京津冀地区率先开展绿色税收试点工作。二是全面性立法阶段。基于前期试点,在总结经验的基础上,围绕工业绿色发展问题,全面完善税收体系,使税收与相关管制措施之间,以及各种税收之间形成协调互动的体系,充分发挥税收在推动工业绿色发展中的作用。

---

① 参见《循环经济促进法》第 44 条。

第三节　绿色税收的具体设计

一　基本类型

在促进工业绿色发展方面，国外使用的税收主要有排污税、能源税和资源税。此外，一些国家为了抑制生态损害、改良生态环境，还开征了生态改良税及生态损害恢复税。我国在进行绿色税收设计时，也可以借鉴国外经验，设立排污税、能源税、资源税三种基本类型的绿色税收。在此基础上，设立生态改良税和生态损害恢复税等辅助性税收。

一是排污税。（1）设立原则。此类税收依据"污染者付费原则"设立。（2）运作机制。通过征税，可以内化污染物排放行为的外部不经济性，由排污者支付治理污染的相关费用。（3）调控对象。主要调控直接或间接向环境排放污染物的企业。在排污税征收方面，我国取得了实质性进展，随着《环境保护税法》的出台，排污税的调控对象已经涵盖大气、水、固体废物、噪声四大类污染物的排放，找准了重点。

二是能源税。（1）设立原则。这类税收基于"有偿使用原则"设立。（2）运作机制。通过征税，国家的能源收益权得以实现，同时也为生态环境养护、新能源开发等工作筹集到了必要资金。（3）调控对象。主要对能源和消费能源制品的消费者征收。

三是资源税。（1）设立原则。这类税收基于"有偿使用原则"设立。（2）运作机制。通过征税，自然资源的经济价格和生态价值得以体现，在满足国家资源收益权实现的同时，也为生态系统中自然资源的养护筹集到必要资金。（3）调控对象。这类税收主要针对资源开采和利用者征收。

四是生态改良税。（1）设立原则。这类税收依据"受益者补偿原则"设立。（2）运作机制。通过征税，可以为生态系统改良筹集到必要的资金，以补偿国家所支付的额外费用。(3) 调控对象。这类税收主要针对改良生态系统服务的受益者征收。

五是生态损害恢复税。(1) 设立原则。这类税收依据"损害者恢复原则"设立。(2) 设立原则。一些大型生态开发、建设项目会对周围生态环境造成严重损害，通过征收生态损害恢复税，可以实现对于环境负效益的补偿。(3) 调控对象。这类税收主要用于规制那些产生外部不经济性的自然资源开采行为，以及生态项目建设行为。

二 征税范围

在明晰排污税、能源税、资源税、生态改良税和生态损害恢复税等绿色税收的具体类型之后，需要进一步明确这些税收的调控范围。

一是排污税的征收范围。随着环境税的征收，大气、水、固体废物、噪声等污染物的排放行为将会得到有针对性的规制。由于工业领域排放的污染物远不止这四类，建议逐步拓宽排污税的调控范围，对于可以通过税收管制的污染物排放行为最终实现全覆盖。在大气污染领域，建议将二氧化碳及消耗臭氧层物质的排放纳入征税范围。在固体废物污染领域，除了对普通的工业废物进行调控外，建议对电子废物、放射性废物、有毒废物和核废弃物等特殊危险废物也加以有效管制，尽早将其纳入税收调控范畴。

二是资源税的征收范围。在工业领域，我国开征的与资源利用相关的税收有土地增值税、耕地占用税、城镇土地使用税、资源税和消费税等。例如按照《资源税暂行条例》，我国已经对原油、天然气、煤炭、黑色金属矿原矿、有色金属矿原矿、盐、其他非金属矿原矿等征税。就我国的立法现状而言，仅有土地、矿藏等少数自然资源得以税收调控。为了落实有偿使用原则的精神要旨，需要把资源税的征收范围逐步拓展到矿藏、淡水、森林、渔业等自然资源。(1) 矿产资源利用领域。为了使人们对矿产资源的开采和利用更加理性，应当对矿产资源的税收管制范围进行重构。对于煤炭、石油、天然气等可以作为燃料使用的自然资源，应与传统自然资源进行区别，将其从资源税的调控对象统一归拢到能源税的调控范围，以实现国家对能源的统一管理。与此同时，除了对黑色金属矿原矿、有色金属矿原矿、盐和非金属矿原矿等自然矿产进行调控之外，还应将此类税收的调整范围逐步扩大到现阶段所有可以被人类所利用的矿产资源。(2) 水资源利用领域。为节约用水，建议对于使用自然状态中淡水，以及水产品（自来水）的行为，分别征收水汲取税和自来水税等。(3) 森林资源利用领域。为了养护森林资源，建议对那些开采和利用森林资源的单位征收采伐税和森林资源养护税等。

三是能源税的征收范围。我国调控能源利用行为的税收有固定资产投资方向调节税、资源税和消费税等。然而，这些税收对于能源的调控范围有限，电力和核能等未纳入其调控范畴。只有拓宽能源税征收范围，才有利于促进能源节约和新能源推广。现阶段，我国能源消耗的重点是化石燃料及电力。(1) 化石能源消费领域。对化石能源的税收管制可以采用两种思路：一种思路是针对所有的化石燃料使用行为征收燃料税，并根据燃料燃烧效率以及污染程度的不同，对相关化石燃料设置差异性税率；另一种思路是针对燃料的名称、物理状态、使用领域、某种化学物质的含量的差异性而分别设置税种。比如，可以依据燃料的名称差异，而设置汽油税和柴油税。再如，依据燃料物体状态差异，而设置固体燃料税、液态燃料税和气体燃料税。又如，依据燃料使用领域差异性，而设置汽车燃料税、航空器燃料税和船舶燃料税等。本书建议采用第一种做法。按照统一的标准、统一的税种，对化石燃料征税，将更加公平，也易于操作。(2) 电力消费领域。对于电力进行税收调控，在一定程度上可以促进节约用电量。就对电力消费征税而言，可以依据单位和个人每月的电力消费量，来征收电力消费税。

四是生态改良税的征收范围。生态改良税以一定辖区居民生态环境改善需求为前提，具有一定的时空限制。这类税收的征收可以为环保研究项目、污染治理项目、生态改良项目等筹集资金。例如，设置水研究基金税、公共设施税、污染场地恢复税等税种。

五是生态破坏恢复税的征收范围。这类税收主要针对一些有害环境的建设项目征收。该税收征收之目的在于为生态环境改良筹集资金。它主要集中于资源和能源开采,以及生态建设领域。在资源和能源开采领域,可以针对矿产资源开采活动征收矿山恢复税。

三 税率标准

通常而言,税率有比例税率、定额税率和累进税率三种类型。具体而言:一是比例税率。通常针对同一课税对象,规定相同的税率标准。在比例税率设置方面,有统一性的比例税率和差别性的比例税率两种类型。统一性的比率税率是指针对一个税种只设置一个税率,而差别性的比例税率则可以依据产品、行业和地区等的差异性,针对一个税收设置两个或两个以上的标准。二是定额税率。通常以课税对象的重量或体积等计量单位为标准确定税率。采用定额税率的税种,纳税人所缴纳的税款通常与课税对象的重量或体积成正比。此外,定额税率也可以针对课税对象的分类分级、地区差别等特点,设置差别性的定额税率。三是累进税率。这是随着计税依据提高,根据级距增加的税率。通常而言,计税依据主要有实物量和价值量两种情况。累进税率通常依据课税对象实物量或价值量,而划分若干等级和每个等级的区间,并确定每个等级所适用的税率,等级越大,税率越高。确保工业绿色发展的税收主要分为排污税、能源税、资源税、生态改良税和生态损害恢复税。由于课税对象的差异性较大,需要确定差异化的税率标准。

一是排污税的税率。污染物的计量单位通常为重量或体积。因此,采用定额税率较为妥当。此外,为了有效发挥排污税的调控效果,其税率设计在坚持定额税率标准的同时,也要关注下述问题:(1)与浓度相结合。针对同一污染物,可以依据其浓度的差异,而设置差异性的定额税率,这样才能发挥税收对于污染物量和浓度的双重控制作用,有助于尽快改善环境质量。(2)结合污染现状。我国应根据污染现状,确定所应适用的定额税率标准,对于污染严重的领域应采用高税率,而污染较轻的领域则可以采用较低的税率。(3)周期性税率。针对某一课税对象,可以将五年作为一个税率适用周期,与国家相关规划保持一致。当一个周期结束后,结合国家下一个五年规划的相关要求，以及生态环境现状，对税率进行必要调整。如果环境质量改善，可以在下个周期适用较低的税率，反之亦然。(4) 递增性。在以五年作为一个税率实施周期的前提下，可以采用税率逐年递增的方式，给排污企业提供一个明确指引，在确保环境目标得以实现的同时，不会对经济造成严重的负面影响。(5) 给地方授权。对于某一种污染物排放进行税收管制后，在确定全国性的税率标准后，充分授权地方政府根据辖区环境状况，适用高于国家标准的地方性税率标准。

二是资源税的税率。固态自然资源通常以重量为计量单位，而气态和液态自然资源通常以体积为计量单位。因此，自然资源采用定额税率较为妥当。此外，在税率设置方面还应注意下列事项：(1) 税率设置应考虑资源再生速度。可再生自然资源应设置相对较低的税率标准，而不可再生资源应设置相对较高的税率，这样在满足当代人需要的同时，可以兼顾后代人的资源利益。(2) 税率设置应考虑资源的生态功能。为了确保生态系统功能发挥最优化，在生态系统中发挥出较为重要的生态功能的自然资源应设置较高的税率。(3) 税率设置应考虑国家政策。如，可以基于国家战略政策，对于锡、钨、锑和稀土等重要资源设置较高的税率标准。

三是能源税的税率。与资源一样，能源的物理状态通常也呈现出液态、固态和气态三种。通常而言，固态能源以重量为计量单位，而液态和气态的能源则以体积为计量单位，对其采用定额税率较为妥当。此外，在能源税设置方面应考虑下述问题：(1) 税率设置应考虑能源再生性。为了保障能源的可持续利用，对于水能、风能、太阳能、生物质能和海洋能等可更新能源的利用应设置零税率或者低税率，而对于煤、石油、天然气等不可再生能源的利用应设置相对较高的税率。(2) 税率设置应考虑能源清洁程度。为了减少因化石能源使用而附带产生的环境污染问题，对于煤炭分质分级、梯级利用等清洁高效用能行为应设置较低税率标准，而对污染相对严重的传统用能行为，则应设置较高的税率标准。(3) 税率设置应考虑国家政策。现阶段，我国正在推动能源结构调整，对煤炭、石油等传统化石能源的适用需要适用高税率，而对于国家大力推广的天然气则应尽量降低税率。

四是生态改良税的税率。生态改良税征收的初衷在于为生态系统改良筹集必要资金，征收依据是额外支出的生态环境治理和养护费用，因此采用比例税率较为妥当。为了增加税收的透明度和公平性，应该针对不同的项目设定不同的税率标准。具体思路有：第一步，先对某一项生态改良或研究项目的花费进行估算；第二步，按照一定的比例，把费用分为单位补偿费和个人补偿费两部分；第三步，按照单位受益主体和个人受益主体的数量，分别确定各自适用的税率标准。

五是生态损害恢复税的税率。应该针对建设项目的占地面积大小和对生态的破坏程度，而设计累进税率。生态损害恢复税适用累进性税率具有下述优势：一方面，减少生态破坏概率。为了避免缴纳超额累进性的税率，项目开发或建设者会尽量减少土地使用量。另一方面，筹集生态治理资金。采用累进性税率标准，可以为生态修复筹资到充足的治理资金。

四 税收特殊政策

在工业绿色发展方面，为更好地发挥绿色税收的作用，在适用一般性税收政策的同时，还要广泛适用重税以及税收减免政策。该特殊政策可以从供给和需求两个侧面发力。从供给侧看，对于资源能源开采、高污染、高耗能的和国家限制发展的产业适用重税，提高利率，发挥环境税的抑制作用；对于国家鼓励发展的新能源或清洁能源产业、战略性新兴产业特别是节能环保产业应给予最大限度的税收减免，为产业发展创造条件。从需求侧看，对于生产过程或者使用中能源资源消耗大、污染物排放多的制品，可以针对其消费行为征收较高的消费税，引导社会公众尽量减少此类产品消费，倒逼企业转型；对于绿色制品消费、节能环保装备购置等，建议适用尽可能多的税收减免政策，拓宽绿色产品消费空间，使绿色产品由比较劣势转变为比较优势，助力企业绿色转型和节能环保产业发展。

五 税款使用制度

税款使用是指绿色收入的具体用途。按照征税实践，税收主要有两种用途，一种是专款专用，另一种是作为一般性公共财政预算。具体而言：专款专用方式，把税收收入作为特定公共服务的筹资途径，该方式主要用于解决特殊事项的资金筹集问题；一般性公共财政预算方式与专款专用方式存在着本质差别，先把税收收入纳入国库作为普通资金，在支出时无须考虑特殊的目的，而是按照社会管理需求，综合支出，税款用于满足多项公共服务，而非某一特定服务。

若采用一般性公共财政预算模式，绿色税收并非专门用于生态环境改良工作，而是被运用到了广泛的社会领域。虽然此种模式的社会公益性较强，但是由于资金使用相对分散，对于绿色发展的推动作用减弱。

绿色税收应当是源于环保、用于环保的税收，排污税、资源税、能源税等专业性绿色税收，建议都采用专款专用模式。这些绿色税收建议用于以下领域：一是治理和修复被破坏的生态环境，提升生态系统服务功能；二是用于支持企业绿色化改造项目，以及先进节能环保装备、新能源等领域的研发和应用工作，以推动产业绿色转型；三是用于补偿因征收绿色税收而对城乡低收入群体产生的影响，确保社会公平。

在使用方面，一部分来源于绿色税收的收入可以作为绿色基金。这些基金一般应具有公益性、政府性，相对于一般财政资金和专项资金有更强的独立性，专门进行预算管理。[①] 建议设立企业绿色发展促进基金、污染防治基金、资源维护基金、能源保障基金、生态改良基金、生态恢复基金和低收入群体补偿基金等专门性基金。

---

① 李传轩：《环境税收入使用法律制度研究》，《当代法学》2011年第1期。

第五章

绿色税收案例研究

——基于气候变化背景下的碳税立法

2015年，巴黎气候大会提出将全球气温升高控制在2摄氏度以内的目标。在此问题上，我国依旧体现出大国担当，承诺2030年左右达到二氧化碳排放峰值并争取尽早达峰；单位国内生产总值二氧化碳排放比2005年下降60%—65%。2016年，在G20杭州峰会开幕前夕，我国正式向联合国交存气候变化《巴黎协定》批准文书，充分表明了我国政府减排温室气体的决心。当然，要实现既定的减排目标，我国还需要付出巨大努力。工业作为化石能源消耗及温室气体排放的主要领域，故工业领域的节能减排工作在很大程度上决定着我国应对气候变化的成效。在应对气候变化，特别是推动工业领域节能减排方面，我国颁布实施了《节约能源法》《应对气候变化国家方案》《清洁发展机制项目运行管理办法》《低碳产品认证管理暂行办法》《碳排放权交易管理暂行办法》和《国家应对气候变化规划（2014—2020年）》等一系列法律政策，确立了排放标准、排放申报、能效标识和限额等制度，对于节能减排起到了积极推动作用。

第一节 碳税与排放权交易的制度协调

得益于国家重视及相关政策的出台，我国应对气候变化工作取得了显著成绩。据统计，"十二五"期间累计完成节能降耗

19.71%，超额完成 16% 的目标任务。① 值得注意的是，要实现 2030 年中国承诺的减排目标，依旧需要在现有制度之外进行必要创新。"十二五"期间，我国已经进行了积极探索，尝试运用排放权交易、节能量交易等市场化手段应对气候变化，并计划"十三五"期间全面启动碳排放权交易。近期，一些迹象也表明，国家将启动碳税立法工作。在此背景下，对排放权交易制度完善、碳税立法的必要性以及两者的协调问题进行必要探讨，可以为应对气候变化实践提供有益参考。

一 碳排放权交易制度实施效果评介

（一）碳排放交易试点总体情况

"十二五"期间，国家正式启动碳排放交易相关工作，选择了北京、天津、上海、重庆、广东、湖北、深圳 7 省市作为试点区域。

在温室气体控制方面，基于数据的可获取性，纳入各试点省市交易体系的温室气体会有一些差异。其中，二氧化碳作为温室气体的重要组成，约占全国温室气体排放总量的 80%，其数据可得性强，成为交易体系重点控制的温室气体。7 省市都将二氧化碳纳入交易体系，其中重庆市更是将甲烷、氧化亚氮、氢氟碳化物、全氟碳化物、六氟化硫其他 5 类温室气体全部纳入交易体系。

在试点单位选择方面，基于各地产业结构的差异性，参与试点的行业则有所不同，北京、上海和深圳的重点是服务业，而广东、湖北、天津和重庆则是工业。试点主要涵盖电力、钢铁、水泥、石化等行业。在选择参与单位时，试点省市主要以年二氧化碳排放量或者年综合能耗为据，将重点单位纳入试点范畴。其中，深圳市和北京市门槛最低，为年排放 5000 吨二氧化碳的单位；湖北省门槛最高，为年综合能耗 6 万吨标煤及以上的单位。由于产业结构存在着差异，纳入标准也会具有一定的地方特色。如深圳市除执行二氧化碳排放量的标

---

① 参见《"十三五"单位 GDP 能耗累计降 15% 超额完成减排承诺》，2016 年 3 月，财经网（http://economy.caijing.com.cn/20160305/4081170.shtml）。

准外，还执行了建筑面积标准。无论门槛如何设定，纳入交易体系的单位通常为当地能耗大户或碳排放大户。相关数据显示，截至2015年年底，7个试点省市共纳入20余个行业、2600多家重点排放单位。① 从总体上看，试点单位温室气体排放占当地总排放量的比例为35%—60%。

在具体操作方面，试点省市首先会在综合考虑温室气体排放、经济增长、产业结构、能源结构，以及重点排放单位纳入情况等因素的基础上，确定排放配额总量。除上海外，其他省市均为一年一核定。比如，2014—2016年，湖北省配额总量分别是3.24亿吨、2.31亿吨和2.53亿吨。在总量控制的前提下，试点省市会依据历史排放法、历史强度法、行业基准法等，计算各纳入单位应得配额。比如，湖北省主要采用标杆法、历史法相结合的方法计算配额；② 广东省主要采用基准线法和历史排放法计算分配。③ 在分配时，试点省市采用免费发放、有偿发放，或两者相结合的方法。除广东外，其他试点省市都对配额进行免费发放。配额分配后，有配额盈余的企业以及额外需求配额的企业，则通过二级市场进行交易。

（二）碳排放交易试点取得的成绩

在试点过程中，各地积极探索，不断创新，取得了一定成绩，主要如下。

（1）切实减少了二氧化碳排放。截至2015年年底，排放配额总量约12.4亿吨二氧化碳当量，其中北京、天津、上海、广东和深圳碳市场纳入的重点排放单位已经完成了两次碳排放权履约；7个试点碳市场累计成交排放配额交易约6700万吨二氧化碳当量，累计交易额约为23亿元。④ 其中，工业基础较好的湖北省虽起步较晚，但成效显著，目前已经成为中国最大、全球第二大碳排放交易市场。截至2016年12月31日，湖北二级市场碳排放配额总成交量2.93亿吨，

---

① 参见《中国应对气候变化的政策与行动2016年度报告》。
② 参见《湖北省2016年碳排放权配额分配方案》。
③ 参见《广东省2016年度碳排放配额分配实施方案》。
④ 参见《中国应对气候变化的政策与行动2016年度报告》。

总交易额 69.43 亿元，分别占全国的 78% 和 82%。[①]

（2）为启动全国碳排放交易打下了坚实基础。交易规则顶层设计，对于全国碳排放交易市场建设起着举足轻重的作用。在试点中，各省市都颁布实施了相关法律政策，如《北京市碳排放权交易管理办法（试行）》《广东省碳排放试行管理办法》，对于试点工作起着积极的引导和规范作用。当然，这些法律政策也在实践中得到检验和修正，对于制定和完善全国层面的交易规则奠定了良好的基础。此外，碳排放核算和核查、碳配额分配、交易规则、履约机制、注册登记等碳排放交易的关键制度安排也日趋成熟。

（三）碳排放交易机制存在的问题

在前期试点的基础上，国家明确 2017 年启动全国性的碳排放权交易市场。虽然前期试点工作为全面开展此项工作奠定了好的基础，但依旧存在一些亟待解决的问题。

1. 相关基础比较薄弱

"从目前的顶层设计看，碳交易体系的构建，尚处于能力建设阶段。"[②] 一方面，试点省市都进行了规则制定工作，国家层面的相关制度也在这个过程中不断完善，但现有法律法规、政策体系、标准规范尚不健全，突出表现为全国性政策与试点省市政策缺乏协调，还不足以有效支撑全国碳排放交易市场建设工作。另一方面，作为辅助碳排放交易体系实施的碳金融，温室气体排放核算、报告和核查体系，以及交易注册登记系统及灾备系统等尚处于探索和起步阶段。

2. 交易体系不够开放

只有在自由开放的交易市场中，才能实现碳排放配额的有效配置和提高交易效率。从试点看，7 省市相对独立，都有自身的交易规则和交易场所，配额也主要在各自辖区内交易，具有一定的封闭性，缺少区域间的交易。全国性的碳排放交易市场，除了在区域内进行交易

---

① 参见《湖北碳市场交易额近 70 亿居中国首位》，2017 年 1 月，湖北日报网（http://news.cnhubei.com/xw/jj/201701/t3777389.shtml）。

② 潘家华：《碳排放交易体系的构建、挑战与市场拓展》，《中国人口·资源与环境》2016 年第 8 期。

外,会存在大量跨区域交易配额的现象。但现有试点并未将配额跨区域交易作为重点,不得不说是一大遗憾。

3. 相关机制缺少协调

国家在推动碳排放交易的同时,也有用能权交易、节能量交易等两个类似制度。国家发展改革委出台的《用能权有偿使用和交易制度试点方案》明确提出2017年在浙江省、福建省、河南省、四川省开展用能权交易试点工作。此外,北京、深圳、上海、福建和山东等地也开展了节能量交易工作。在碳交易试点过程中,特别是启动全国碳排放交易市场后,参与交易的企业很有可能也在进行用能权交易、节能量交易或者同时参与两者,但目前缺少协调三者之间关系的规定。

4. 会导致一定的不公平性

纳入交易体系的企业主要为重点耗能企业,其购买碳排放配额后,生产成本会随之上升。当前,绿色消费尚未成为主流消费理念,当产品进入终端市场时,消费者关注的重点是产品价格,而非企业的绿色投入,故会出现一种不公平的现象:有偿购买碳交易配额的企业,其产品价格会升高,在缺少类似机制对超额排放温室气体的中小企业进行规制的情况下,购买碳交易配额的企业会处于竞争劣势。当然,这种情况也适用于节约碳排放配额的企业,其在减少碳排放的过程中,势必会增加改进技术或者使用清洁能源的成本,交易碳配额取得的收益通常难以抵销其额外的绿色投入。

二 碳排放权交易制度的完善建议

(一)加强顶层设计

与前期试点相比,参与全国碳排放交易体系的企业数量巨大,初步估算约有10000家,而且涉及行业众多,该机制更为复杂。因此,在全国碳排放市场构建方面,顶层设计显得尤为重要。首先,建议完善与排放权交易相关的法律政策体系,在出台《碳排放权交易管理条例》的同时,还要出台与其相配套的实施细则及相关标准,使碳排放交易相关法律政策形成多层级、相配套的体系。对外要重点处理好国内市场与国际市场的衔接问题,使相关制度设计适应巴黎气候大会后全球碳市场发展的新形势，特别要与中国国际减排承诺相适应；对内要处理好地方政府特别是试点省市相关政策与全国碳排放交易政策的衔接问题，避免出现脱节或冲突问题。其次，建议加强与碳排放交易运行密切相关的数据统计分析工作，尽快建成国家、地方、企业三级碳排放合算、报告与核查体系，最好依托现有试点建设全国碳排放交易注册登记体系，强化相关数据的可获取性及真实性，确保整个交易在健康有序的环境中运行。最后，需要创新支撑碳排放交易的财税、投资、价格、金融等政策，推动碳排放交易与财税金融政策的融合，重点加强碳金融市场建设。

（二）打造自由开放的交易市场

建设全国性的碳排放交易市场，一方面需要推动已经试点的区域性碳排放交易体系向全国性交易市场过渡，另一方面则需要在尚未试点的区域尽快建立相关市场。与前期试点不同的是，国家碳排放交易市场打破了行政区域限制，排放配额将在全国范围内进行分配。按照《"十三五"控制温室气体排放工作方案》要求，"各地区根据国家确定的配额分配方案对本行政区域内重点排放企业开展配额分配"。因此，企业除了与本辖区内单位交易配额外，也会进行跨区域交易。而这都有赖于开放自由的交易市场。在全国性碳排放交易市场尚未建成之前，建议7个试点省市打破行政区域限制，率先启动跨区域交易工作，实现配额在区域间的自由流动，积累相关经验，为全国碳市场建设做好准备。

（三）加强相关制度的协调

不管碳排放交易，还是用能权交易或节能量交易，其目标都是减少化石能源使用及温室气体排放。基于三种交易制度的特性，建议进行必要的融合与协调。鉴于用能权是节能量交易的前置条件，而且两者的属性及交易规则基本类似，完全可以将两者进行合并，统一为用能权交易。在此基础上，妥善处理碳排放交易与用能权交易的关系。用能权侧重于能源使用量，企业在配额内用能免费，超配额则需要付费。此外，鼓励用能单位使用可再生能源，其自产自用的可再生能源不计入其综合能源消费量。而碳排放交易则侧重于温室气体排放量,其排放的温室气体主要产生于化石能源使用,与用能权交易类似,企业的额外排放配额都需要付费。节能必然会减少二氧化碳排放,两者存在一定联系。为减轻企业负担,基于两者的内在联系,建议在企业履约的过程中,用能指标与碳排放配额可以在一定范围内相互抵用。

(四)营造公平的竞争环境

为营造符合绿色发展理念的消费环境,需要建立完善的资源环境要素市场,将资源利用、能源消耗及污染排放的外部不经济性进行内化,同时对正外部性行为进行补偿。一方面,加强对纳入交易体系的企业的财税政策支持,给予参与碳排放交易体系的企业,特别是通过技术改进和使用新能源而节约碳配额的企业绿色信贷、绿色债券、税收减免等经济激励,补偿其相应的绿色投入。另一方面,对于未纳入交易体系的其他企业,应当尽快出台相关制度,如碳税,将温室气体排放的外部不经济性内化,形成公平的竞争环境。

三 征收碳税的必要性

除碳排放权交易之外,国外也广泛运用碳税去应对气候变化,并取得积极成效。在国家全面启动碳排放交易体系的同时,也计划启动碳税立法相关工作。将碳税作为碳排放交易的必要补充,可以克服碳排放交易存在的相关问题,更好地推进节能减排工作。

(一)碳排放交易存在的问题

碳排放交易具有诸多优点,但是也有一些自身难以克服的缺点,主要如下。

(1)总量难以确定。排放权交易的前提是确定温室气体排放总量。但是,当我国经济进入经济新常态后,企业普遍经营困难,不少企业已经关闭、停产或减产,确定合理的减排总量目标存在一定的技术难题。

(2)可能有失公平。在初始阶段,配额往往免费分配给排放者,而购买配额者则需要付费,可能会存在权利配置不均的问题。

(3)可能导致集中排放。那些呈区域性分布的治理技术相对落后的企业在购买到配额后,该区域内所排放的温室气体量会激增,从而出现集中排放问题。

(4) 存在技术难度。排放权交易制度的实施往往与温室气体排放监测、信息公开、交易结算等制度联系在一起,而这些制度的构建往往需要先进的技术支撑,但现有技术却很难达到要求。

(5) 推动技术进步能力不足。在排放权交易体制中,配额出售方的技术水平相对较高。但是,买方也是必不可少的交易主体,他们的治理技术通常比较落后,在配额成本低于治理成本的情况下,买方改进治理技术的意愿不大。

(二) 碳税是碳排放交易的必要补充

在国际上,加拿大、美国等国都在同时运用碳税及排放权交易两种制度应对气候变化问题,两种制度的互补性也在实践中得以体现,主要如下。

(1) 覆盖面。碳税可以规制到所有消费化石燃料的单位和个人,其覆盖面较宽。比较而言,排放权交易的主体相对单一,多为温室气体排放量较大的企业,中小企业和个人往往被排除在外。

(2) 稳定性。碳税比较稳定,它对能源产品价格的影响可以预期。与之不同,在排放权交易过程中,由于存在供需关系问题,排放指标的交易价格会经常波动,缺乏可预期性。

(3) 经济性。在现有的税收征管体制下,依靠税务机关和环保机关的合作,就能保证碳税的顺利征收,所花费的额外成本相对较少。而排放权交易则涉及排放总量核算、配额分配、交易平台建设、监督管理机构设立等,额外花费较多。

(4) 公益性。碳税作为中立性税收,税收所得往往以减免相关税收减免或补贴等方式返还给纳税人,公益性较强。而排放权交易所得往往作为企业的利润,不会在社会上进行再次分配。

(5) 环保性。排放权交易的基础是总量控制,所要实现的环保效果比较明确。然而,碳税征收的基础是一个抽象的宏观引导,所要达到的环保效果相对模糊。

(6) 利他性。在碳税征收中,税务机关针对纳税义务人征税,纳税人之间不存在互助关系,利他性不明显。比较而言,在排放权交易中,原始配额的持有者,通常是潜在的排放权交易方,买卖双方都能在交易中受益,通过配额转让,卖方获得了经济利益,而买方则减少了污染治理成本。

(7)权力寻租。碳税的实施以税务机关为主导,会存在权力寻租问题。排放权交易以市场为主导,主要基于当事人意思自治。

(8)接受程度。征收碳税,直接增加了化石燃料的价格,在税负较重的现状下,民众对征收碳税的热情不高。比较而言,排放权交易对相关产品价格的影响比较"模糊",民众对该制度的认可度相对较高。

简言之,在我国实施排放权交易的同时,通过开征碳税,可以弥补碳排放交易存在的一些不足,更好地推进节能减排工作。

四　碳税和排放权的制度协调

由于碳税和排放权交易都是基于市场的管制手段,其管制机理具有一定的类似性,若两者都被用于管制温室气体排放行为,很可能出现管制重合现象,因此有必要对两种制度的协调问题进行探讨。

在对该问题回答之前,需要对两个关键性问题进行说明:一是调控的主体范围。碳税具有普适性,不管是单位,还是个人,只要购买了化石燃料,都负有缴税义务。从国外碳税立法实践来看,碳税的调控范围较大,涉及最为广泛的市场经济主体。比较而言,排放权交易的主体则较为单一。排放权交易的主体主要为企业,当然也包括一些政府及事业单位,但个人被排除之外。值得注意的是,那些参与排放权交易的企业,往往是一些温室气体排放量较大或能源消耗量较多的大型企业,中小企业往往被排除在外。例如,在欧盟排放权交易机制下,交易主体主要是火电厂、水泥厂、炼油厂、石灰厂等高耗能企业;在我国,参与排放权交易的企业也主要是石化、化工、建材、钢铁、有色、造纸、电力等行业的重点耗能企业。二是管制的温室气体范围。碳税为二氧化碳排放税的简称,其主要调控二氧化碳这种温室气体。与之相比,排放权交易所管制到的温室气体类型则较为广泛。

欧盟的排放权交易机制已经管制到了二氧化碳和氧化亚氮等多种温室气体。我国虽然大多数试点省市仅对二氧化碳进行规则，但也有个别省市将多种温室气体都纳入交易体系。

当我国同时适用碳税和排放权交易制度时，建议按照以下思路协调两者的关系：一是基本定位。在二氧化碳排放领域，所有的个人排放者都可以运用碳税加以管制。对于企业而言，需要区分情况，依据其年均能源消耗量或二氧化碳排放量进行划分，对于低于一定标准的企业，可以用碳税加以规制；高于该标准的企业，则可以用排放权交易制度加以管制。二是实施方式。碳税对于市场的成熟程度要求不高，只要设计好碳税的实体性要素和程序性要素，就可以适用碳税。而排放权交易涉及配额分配、温室气体核算、排放监测、统计和审核等环节，不仅技术要求高，而且对交易市场的成熟度有要求，全面征收并非易事。目前，国家已经计划全面启动碳排放权交易市场，据估算纳入交易的企业数量在1万家左右。但在交易机制成熟之前，广大的中小企业还很难纳入交易体系，会出现管制真空问题，而这部分企业完全可以通过碳税进行管制。三是衔接方式。开征碳税后，使用化石能源并排放二氧化碳的企业和个人都应是纳税主体，同时应设定一个除外条款，即纳入碳排放交易体系的企业免征碳税。当然，随着排放权交易市场的成熟，越来越多的企业会被纳入交易体系，对于进入碳排放权交易体系的企业，应当采取免征碳税的方式进行处理，避免出现管制竞合问题，减少企业不必要的负担。当然，为了降低制度设计对于企业的负面影响，可以给予企业一定的选择自由，除了重点耗能企业外，在某一个耗能区间段或二氧化碳排放范围内的企业，可以让其选择加入碳排放权交易体系，或者缴纳碳税。

第二节　我国碳税立法的宏观构思

在进行碳税立法时，对立法的理念、目的、原则、进程等问题进行集中探讨，有助于明确立法方向。

一 立法理念

立法理念是法律的灵魂,"只有科学地确立立法理念,才能正确地界定立法的本质,并有效地指导立法活动"[①]。

在经济发展过程中,环境问题随之出现,其产生与两大关系密切相关:人与人之间的关系以及人与自然之间的关系。尽管人与人之间的关系对生态环境的影响是间接的,但是其影响更大。也就是说,只有处理好人与人之间的关系,才能调和人与自然的关系,缓解并最终解决环境问题。然而,处理人与人之间的关系并非易事,既要注重物质层面的利益再分配,也要注重精神层面的理念选择问题。其中,后者起着决定性作用。可以说,解决环境问题的关键在于革新观念。

可持续发展理念把人与人之间的关系,以及人与自然之间的关系放在同等重要的地位上考虑,并融入了代内公平和代际公平这一突破时间和空间维度的价值观,主张人类在满足自身发展最大化的同时,也要关注自然界;在强调人与人之间关系协调的同时,也强调要维持人与自然关系的协调。该理念以"维持全面的生活质量,维持对自然的永续利用,避免持续的环境损害"[②]作为基本特征。

法律作为社会关系的调节器,应与时俱进。因此,指导法律制度构建的理念也应随着时代的发展而加以革新。环境保护法主要调节在生态环境利用及污染物排放等活动中所形成的人与人之间的关系,其目的是通过调整人与人之间的关系,进而实现人与自然的和谐。但是值得注意的是,即使同属一类法律,若理念差异较大,相关立法的实施效果会相差甚远。例如,一些环保立法的定位偏失,其理念偏重于经济发展,即使表现形式多么华丽,也仅仅是维护经济发展的工具,而非环境保护的手段。当然,环境保护类法律的立法理念还要避免走向另一个极端,不能只顾环保而忽视发展,这样也有违环境保护的初衷。

[①] 陈兴良:《立法理念论》,《中央政法管理干部学院学报》1996年第1期。
[②] 曹明德:《生态法新探》,人民出版社2007年版,第23页。

现阶段，我国确立的绿色发展理念体现了可持续发展观的相关要求，以生态文明建设为落脚点，强调"发展仍是我国当前及今后一段时间的首要任务，生态文明建设并未否定发展，而是倡导转变发展模式，在环境容量允许的范围内排污，将不可再生资源及能源的消耗降至最低，并在发展中逐步解决环境问题，实现人与自然的和谐发展及生态环境可持续利用"①。

为了有效地解决经济发展过程中所产生的生态环境问题，需要把可持续发展理念应用于环境污染防治法和自然资源法的创新中，②用人与自然和谐的生态伦理观，指导人们改变生产方式和消费模式，按照绿色发展的要求开展相关活动，以生态化的法律手段确保社会发展方式的顺利转型。作为环境资源法体系组成部分的碳税立法，也应以可持续发展作为基本的立法理念，指导具体法律制度设计，全面体现碳税保护环境的公益特性。

二 立法目的

立法目的是立法理念的具体化。同时，它也为立法原则设置及制度构建指明了方向。通常而言，税收是国家利用政治权力强行参与社会剩余产品分配来筹集公共收入的活动。③正如马克思指出的那样，"国家存在的经济体现就是捐税"④。国家在向民众征税的同时，也会把税收收入用于增加社会福利，使民众从中受益，正如霍尔姆斯所说，"税收是我们为文明社会付出的代价"。

20世纪以来，税收推动社会文明进步的作用越来越大，其调整范围逐渐扩大到生态文明建设领域。20世纪六七十年代，在严重的生态危机面前，传统环境管理方式存在的问题显现，一些国家便尝试运用税收引导人们去改变生产方式和消费模式。这些国家征税的目的不仅仅是增加财政收入，而是通过税收引导，切实解决棘手的

---

① 毛涛：《生态文明建设应避开三大误区》，《中国环境报》2015年8月28日
② 刘国涛：《科学发展观指导下的环境法体系之创新》，《法学评论》2004年第4期。
③ 王振宇、武丽：《构建税收的合法性基础》，《地方财政研究》2006年第1期。
④ 《马克思恩格斯全集》第4卷，人民出版社1958年版，第342页。

环境问题。

人类对气候系统的利用是否符合可持续发展的要求，是判断生态文明与否的重要标志。当化石燃料成为推动工业进步的"催化剂"那刻起，人类无序、无度排放温室气体的现象愈演愈烈，特定时间内排放的温室气体量远远超过大气环境容量，气候生态系统平衡被打破。随着气温持续升高，自然界也会报复人类，气候型灾害日益增多。

为了矫正这种不文明的生态利用行为，一些西方发达国家开始运用包括碳税、排放权交易、节能量交易等更加强有力的减排措施，引导企业和个人节能减排，确保大气环境容量的可持续利用。碳税作为一种政策性税收，其立法目的是通过税收价格，引导和激励社会公众转变生产方式和消费模式，削减不必要的能源消耗和温室气体排放，减轻人类活动对大气环境的不利影响。

三　立法原则

立法原则是碳税立法理念及立法目的的具体表现，并对碳税征管进行指导和规范。碳税是一种新型税种，不管其如何设计，都不能离开税收法定、税收公平、税收效率三项基本原则的指导。税收法定原则要求碳税必须依法设定和征收，其是碳税立法应坚持的根本原则。税收公平和税收效率原则是两个倾向性原则，要求碳税法定的同时，也应考虑税收公平性和经济性两个侧面。

与此同时，碳税作为一种新兴税种，它有别于传统税收，其环保功能要强于经济功能，在坚持税收一般性原则的同时，还应确立一些特殊性原则。建议将生态优先原则、风险预防原则和全程管理原则作为指导碳税立法的三项特殊原则。

生态优先原则（或称环境优先原则）是指"在处理经济增长与环境保护之间的关系问题上，确立生态环境保护优先的法律地位，作为指导调整社会关系的法律准则"[①]。该原则明确了碳税的价值取向，对

[①] 曹明德：《生态法新探》，人民出版社2007年版，第227—228页。

于立法目的选择具有重要指引，在环境利益与经济利益孰轻孰重的抉择方面，强调碳税应侧重于税收的环境保护功能，而非纯粹的增加财政收入。

风险预防原则是指人类活动有可能对人体健康造成危害，或者对于生态环境可能造成严重的、不可避免的危害时，即使没有充足的科学证据证明该危害会必然发生，也应积极采取应对措施的准则。现阶段，温室气体排放与全球气候变暖之间有无必然联系还存在着争议，但是现有的气象记录似乎已反映出了一种趋势：随着大气中温室气体含量的增多，全球气温会持续上升。若等到有充分的科学证据证明该联系时，再去决定是否采取应对措施，或许已经错过了最佳时机。风险预防原则作为目标性原则，指明了碳税制度设计的方向。在一定历史时期，气候变化趋势明显，可以拓宽税目范畴和适用高税率，反之亦然。

全程管理原则是指行政机关对市场主体所从事的对环境有影响的经济活动进行全过程管理的准则。征收碳税不仅需要纳税义务人进行申报，也需要环保部门提供相关数据，还需要税务部门按照法定程序进行征管，涉及的主体较多，程序复杂。这就需要对整个过程进行系统管理，避免出现疏漏。以该原则为指导，在碳税征收前、征收中、征收后的各个阶段，税务机关和环保机关都需要密切合作、严格管理，避免出现偷税漏税现象，最大限度地发挥碳税的激励作用。

当然，这六项立法原则会相互影响、相互融合、相互交叉和相互渗透，共同用于指导碳税的制度设计及实施。

四 立法进程

我国在碳税立法进程安排方面，不宜急于求成，应在探索性立法的基础上逐步推进，最终走向全面立法。在探索性立法阶段，应以积累立法经验为重，可以从一些温室气体排放量大且易于操作的领域下手，或者选择一些地方性行政区域进行碳税征收试点。这种试点领域或区域的选择要具有一定的针对性和普适性：在立法领域选择时，应采用抓大放小的原则，率先在温室气体排放量较大的工业行业征收碳税。在试点区域选择时,应采用差异性标准,既选择一部分发达区域,又要选择一些欠发达区域进行试点,还要选择一部分经济发展适中的区域,这样才有助于检验碳税是否具有普适性。

那么,该试点应在何时开始,期限应为多长呢?笔者认为,鉴于减排温室气体的国内外压力,"探索性立法"开始得越早越好。同时,基于国外碳税立法的充足经验,以及财政部、环保部等实务部分所做的充分论证,我国完全可能在"十三五"期间完成"探索性立法"实践。"十二五"期间,国家已经在北京、天津、上海、重庆、广东、湖北、深圳7省市开展碳排放交易试点工作,其碳交易市场体系相对成熟,可以在这些省市率先进行碳税征收试点工作,探索运用碳税对中小企业进行规制,以及碳税与排放权交易制度的协调问题。

在实践性立法阶段,借鉴国外经验的同时,更应立足我国的实际情况,依据我国经济发展状况、温室气体排放状况、排放源构成、工业结构、科学技术水平等因素,合理设计碳税的计税依据、纳税义务人、税目、税率、减免条件等实体性要素,以及税收确定、征收、执行、检查、处罚等程序性要素,完成碳税立法十点工作。在启动全面性立法之前,应首先对前期立法经验做一评价,取其精华,去其糟粕,建议"十四五"期间在我国全面开征碳税。

第三节 我国碳税立法的微观设计

碳税立法的微观设计主要侧重于制度建设问题,应妥善设计计税依据、纳税义务人、税目、税率、减免条件等关键要素。

一 计税依据

在进行碳税立法时,最为理想的计税依据应是纳税人排放的二氧化碳量。在此种情形下,二氧化碳排放监测技术显得尤为重要。但是,目前我国温室气体排放监测技术滞后,相关设备购置费用高昂,若对所有的纳税人都安装监测设备，必然花费巨大，不符合立法经济性要求。在现阶段，"出于对测量难度大等征管手段技术性和可操作性的现实考量，同时考虑二氧化碳排放是因为消耗化石燃料而产生的"①，可以把化石燃料中的含碳量作为计税依据。现阶段，运用红外线技术或化学实验等方法，可以测算出化石燃料中的含碳量，且价格低廉，具有较强的实践性。

在选择以化石燃料中的含碳量作为计税依据时，也需要考虑此种模式存在的一些问题，并找到相应的解决办法。正如前文所分析的那样，化石燃料中的含碳量与此种燃料燃烧所释放出的二氧化碳量存在着科学联系。然而，按照国外经验，税务机关仅会依据纳税人所消耗的化石燃料量征收碳税，一般不会扣除其运用先进技术所减排的那部分二氧化碳量。由此会导致，纳税人改进碳减排技术的意愿不强。为解决此问题，建议按照企业实际减排二氧化碳的能力，减免部分税收，以此来提高企业改进二氧化碳治理技术的积极性。

二 征收阶段

我国大多数学者都认为，应在上游阶段征收碳税。比如，财政部财科所碳税研究课题组认为："考虑到中国目前对煤炭、天然气和成品油征税的实际做法，为了保障碳税的有效征收，减少税收征管成本，建议将碳税的征税环节设在生产环节。具体来看：对于煤炭、石油和天然气，由资源开采企业缴纳；对于汽油、柴油等成品油，由石油的精炼、加工企业缴纳。"② 又如，复旦大学的李传轩博士认为："我国应当根据不同的含碳能源产品选择不同的征收环节，从而兼顾征收成本和减排效果两方面的目标追求。对于一次性能源产品，包括原油、煤炭和天然气等，可考虑在上游的生产环节进行征收；对于成品油、煤油及液化气等二次能源产品，则考虑在中游的销售环节进行征收。至于下游的消费环节，一般不应考虑。"③

---

① 崔军：《关于我国开征碳税的思考》，《税务研究》2010年第1期。
② 苏明：《新形势下我国碳税政策设计与构想》，《地方财政研究》2010年第1期。
③ 李传轩：《应对气候变化的碳税立法框架研究》，《法学杂志》2010年第6期。

当然，选择上游模式，仅需对为数不多的化石燃料生产企业或经销商征收碳税即可，征管效率较高。但是，若选择此种模式，会淡化碳税的激励效果，对于那些远离终端消费市场的生产商或经销商征收碳税，税收的价格信号呈递减趋势，消费者仅能感觉到化石燃料的价格在上涨，很难意识到国家减排温室气体的战略意图，不易发挥出碳税应有的调控效果。

笔者认为，我国应采用下游征收模式。尽管下游模式存在纳税人较为分散、不利于监管、征收效率较低等弊端，但是该模式最大的优点在于能够使消费者在税收价格面前进行理性抉择，更直接感受到国家减排温室气体的战略意图。

三 税目范畴

2015年，我国一次能源消耗量为43亿吨标准煤。其中，工业（包括电力）消耗了70%左右的能源。由于能源消耗与温室气体排放存在着必然的联系，该领域也应是温室气体排放的最大领域。近些年，国家一直注重能源资源利用效率提升问题。在能效提升方面，我国开展了高效节能产品推广、重点行业能效对标达标等工作。"十二五"期间，规模以上企业单位工业增加值能耗累计下降28%，实现节能量6.9亿吨标准煤，对全社会节能目标的贡献率达到80%以上。仅2015年，工业企业吨粗铜综合能耗下降0.79%，吨钢综合能耗下降0.56%，单位烧碱综合能耗下降1.41%，吨水泥综合能耗下降0.49%，每千瓦时火力发电标准煤耗下降0.95%。[1] 尽管如此，我国能耗水平依旧较高，不仅远高于发达国家，甚至高于很多发展中国家。其中，钢铁行业国内平均能效水平与国际先进水平相比落后6%—7%，建材落后10%左右，石化化工落后10%—20%。由于工业领域依旧面临着巨大的减排压力，其应成为碳税管制之重点。此外，随着我国私家车数量急剧上涨，移动源所排放的温室气体量逐年上涨，该领域也应受到特别关注。

---

[1] 参见《2015年国民经济和社会发展统计公报》。

笔者认为，在进行碳税立法时，应重点关注制造业和交通运输业等温室气体排放量较大的领域，率先对这些领域所使用的煤炭、汽油、柴油、天然气等易于管制的化石燃料课税，做到有的放矢。与此同时，逐步扩大到建筑、服务业等领域，同时拓宽碳税的调控范围，把矿物油、甲烷、丙烷、丁烷、乙烷、戊烷等其他不易管制的化石燃料逐步纳入碳税的税目范畴，避免存在疏漏，最终实现化石燃料的全覆盖。

四 纳税义务人

在我国，关于碳税纳税义务人尚存在分歧。一些学者认为，应根据碳税的实践历程，在不同的阶段，选择不同的纳税义务人。中国人民大学崔军博士认为："在我国开征碳税之初，应在生产环节征税，以生产者作为纳税人，简单易行，降低税收成本。中远期，待相关技术手段成熟稳定之后，可在适当时机转变为在消费环节征税，以消费者作为纳税人。"[①] 这种主张可以称为"分阶段模式"。另一些学者认为，碳税的纳税义务人为直接向环境中排放二氧化碳者。"中国开征碳税研究"课题组认为："凡是因消耗化石燃料向自然环境中直接排放二氧化碳的单位和个人都是纳税义务人。根据碳税的征税范围和对象，我国碳税的纳税人可以相应确定为：向自然环境中直接排放二氧化碳的单位和个人。其中，单位包括国有企业、集体企业、私有企业、外商投资企业、外国企业、股份制企业、其他企业和行政单位、事业单位、军事单位、社会团体及其他单位。"[②] 又如，钟锦文和张晓盈认为，碳税的纳税义务人为"因消耗化石燃料向大气直接排放二氧化碳的人（包括法人和自然人）"[③]。这种主张可以称为"末端模式"。

关于"分阶段模式"，相关学者主张分为前期和中远期两个阶段，

[①] 崔军：《关于我国开征碳税的思考》，《税务研究》2010 年第 1 期。

[②] 课题组：《新形势下我国碳税政策设计与构想》，《地方财政研究》2010 年第 1 期。

[③] 钟锦文、张晓盈：《环境税收体系下的中国碳税设计构想》，《武汉大学学报》（哲学社会科学版）2010 年第 6 期。

界定出了不同的纳税义务人范畴。一是关于"在碳税征收前期，我国应采用源头规制"主张的评介。笔者认为，这种模式不符合我国国情。虽然化石燃料的销售价格包含着碳税，最终仍由消费者买单，但是，此情形下的碳税属于间接税，其激励效果有限，容易增加消费者模糊消费的概率。二是对于"在碳税征收中远期，我国应采用末端规制"主张的评介。笔者认为，尽管该主张符合我国碳税立法之宗旨，但是其在阶段选择上存在瑕疵，仅把中远期作为该模式的适用，没有把前期囊括在内。

关于"末端模式"，相关学者主张"对消耗化石燃料且直接向大气排放二氧化碳者征税"是一种理想状态。但是，按照我国现阶段的科学技术水平，对所有直接向环境中排放二氧化碳者都征收碳税，不仅存在着技术难题，而且花费巨大，不具可行性。当然，待科学发展到一定水平，温室气体监测技术在全社会得以普及后，该主张也许会有较大的适用空间。

本书认为，最理想的纳税义务人范畴应为所有消耗化石燃料且排放二氧化碳的单位和个人。但是，在我国现阶段的科技水平下，采用此种做法，不仅会存在技术难题，而且花费巨大，不符合立法的经济性要求。从理论上讲，若对纳税义务人范畴做一区分，对大型企业依据二氧化碳排放量课税，对中小企业和个人按照含碳量标准课税，似乎具有可行性。但是，基于我国特殊的国情，这种模式也不应被采用。原因在于："十三五"期间，我国将全面启动碳市场，温室气体排放量较大的企业往往会被纳入该机制中，为了避免管制竞合问题的出现，其应被免除缴纳碳税的义务。此外，在征收碳税时，若采用"排放量"和"含碳量"的双重计税标准，对一部分纳税人按照"排放量"标准课税，而对另一部分纳税人按照"含碳量"标准课税，税收实施难度将增大。

在进行碳税立法时，若我国选择以"含碳量"为计税依据，并在消费阶段征税的话，最为恰当的纳税义务人范畴应是消费化石燃料的单位和个人。

五　税率

"税率无疑是碳税立法中最敏感也最重要的要素之一，税率的高低决定了税负的轻重，也影响到碳税的实际效果。"[①] 目前，我国适用的税率有比例税率、定额税率和累进税率三种类型。具体而言：一是比例税率。针对同一课税对象，规定相同的税率标准。依据税率是否有统一标准，可以被划分为统一性的比例税率和差别性的比例税率。统一性的比率税率是指，针对一个税种只设置一个税率；差别性的比例税率则可以依据产品、行业和地区等的差异性，针对一个税收设置两个或两个以上的税率标准。二是定额税率。以课税对象的重量或体积等计量单位为据来确定税率。采用定额税率的税种，纳税人所缴纳的税款通常与课税对象的重量或体积成正比。此外，由于课税对象存在差异性，如区域差异，也可以设置差别性的定额税率。三是累进税率。指随着计税依据提高，而根据其级距增加的税率。通常而言，计税依据主要有实物量和价值量两种情况。累进税率通常依据课税对象实物量或价值量，而划分若干等级，以及每个等级的区间，并确定出每个等级所适用的税率标准，等级越大，税率越高。

在进行碳税立法时，若我国选择以化石燃料中的含碳量作为计税依据，将会涉及量的核算问题。此时，定额税率应是最佳选择。在坚持定额税率的大前提下，结合国际经验，碳税税率设置还需考虑下述因素：一是减排目标。为了有效落实国家减排政策，碳税的税率水平需要与国家阶段性减排目标保持一致，减排目标高适用高税率，反之亦反。二是边际成本。碳税的税率水平必须要高于企业购买替代燃料或治理二氧化碳的成本，只有这样才能鼓励市场主体使用新能源或改进治理技术。三是能源战略。对于国家推广使用的新能源燃料，尽管其燃烧也会释放二氧化碳，但是基于国家能源战略，应对这类替代性燃料设置低税率或零税率。

基于以上分析，在达成减排目标的同时，为减少对社会经济的不

[①] 李传轩：《应对气候变化的碳税立法框架研究》，《法学杂志》2010年第6期。

利影响,建议我国碳税税率设置采取"统一性、低起点、周期性、动态化"的思路。具体而言:一是统一性。碳税税率应有一个较为客观的制定标准。在税率设置时,大多数已开征碳税的国家都采用这一方法:先对排放一吨二氧化碳当量的温室气体进行定价,然后依据各种燃料燃烧所释放出的温室气体量,核算出这种化石燃料应适用的税率标准。依据该方式设置碳税税率,二氧化碳排放同量同价,较为公平,也较为客观,建议被我国碳税立法所采纳。

二是低起点。在碳税征收之初应适用较低的税率标准。迈克尔·瓦格纳总结了低起点税率的好处,他认为:"碳税从低税率开征,不会扰乱经济秩序,随着税率的持续增长,其经济激励效果会增强。"[1]当然,这种低起点的税率与财政收入之间会存在着微妙关系。"最初,来源于碳税的财政收入会随着税率的上涨而增加。然而,在碳税税率上涨的过程中,随着其激励效果的增强,尽管税率仍然在持续上涨,但是化石燃料使用量却正在下降,这些来源于碳税的财政收入也会随之下降。"[2] 现阶段,我国对化石燃料的依赖度较高,若立即征收税率较高的碳税,无疑会对经济产生严重的负面影响。这样做,尽管能较快地完成国家所设立的减排目标,但是要付出较大的经济代价,不符合我国国情。在碳税征收之初,税率水平不宜过高,先用税收价格信号向社会公众表明国家应对气候变化的决心即可。

三是周期性。在一定的周期内,碳税税率建议呈规律性变化。我国发展规划通常以五年作为一个周期,完全可以将五年作为一个碳税实施周期,采用呈规律性逐年递增的税率。这样做,不仅不会对化石燃料依赖度较高的企业造成突如其来的打击,而且以逐渐递增的税率信号,引导其选择使用清洁能源或改进治理技术。

四是动态化。一个碳税税率实施周期结束后,应重新制定下个周期所适用的税率标准。在五年的碳税税率实施周期届满后,应综合考

---

[1] Michael Waggoner, "Why and How to Tax Carbon?" 20 *Colo. J. Int'l Envtl. L. & Pol'y*, 2008-2009; Roberta Mann, "To Tax or Not to Tax Carbon—Is That a Question?" 24 *Nat. Resources & Env't* 44, 2009-2010.

[2] Ibid.

虑上一个周期的减排效果,国家能源战略发展,以及阶段性的减排任务,制定出下一个五年周期应适用的税率。

六 税收归属及用途

我国的税收归属有三种类型,分别是中央税、地方税、中央和地方共享税。具体而言,中央税是指由中央政府负责征收、管理和支配的税收。中央税是国家财政收入的主要来源,由国税系统负责征收,那些收入充足且稳定的税种往往会被纳入中央税范畴,如消费税、关税和车辆购置税等。地方税是指由地方政府负责征收、管理和支配的税收。地方税作为地方政府财政收入的主要来源,由地税系统负责征收,其设立的目的在于调动地方政府的积极性,以及确保地方政府能因地制宜地解决当地问题,如城镇土地使用税、车船税和房产税等。中央和地方共享税是指由国税系统负责征收和管理,并由中央和地方按照一定比例分成的税收,如增值税、企业所得税和资源税等。

我国大多数学者认为,碳税构建应采用中央和地方共享税的思路。中国人民大学崔军博士认为:"应将碳税设计成为中央与地方共享税,但在分成比例上中央要占大头。"[①] 又如,薛钢也同样认为,应"将碳税作为中央与地方共享税"[②]。本书赞同上述观点。碳税立法建议采用中央和地方共享税的思路,由国税系统负责征收,并按照一定的比例在中央和地方间分成。这样做,一方面有利于国家节能减排目标的宏观统筹,另一方面也有利于调动地方政府参与节能减排的积极性。

在税收使用方面,我国若开征碳税,其首要目的应是通过提高能源价格,激励消费者减少化石能源使用,进而实现应对气候变化的作用。这就决定了,我国碳税收入的使用也会具有公益性,建议主要用于减缓和适应气候变化工作。

[①] 崔军:《关于我国开征碳税的思考》,《税务研究》2010 年第 1 期。
[②] 薛钢:《关于碳税设计中的次优选择研究》,《中国人口·资源与环境》2010 年第 12 期。

七 税收减免

在进行碳税立法时,在借鉴国外经验的基础上,基于我国能源使用情况,建议给予如下事项相应的税收优惠。

一是新能源。新能源作为传统化石能源以外的能源形式,有太阳能、地热能、风能、海洋能、生物质能和核能等。当然,一些新能源在燃烧时,也会释放二氧化碳,如生物质能。但是,与传统的化石能源相比,新能源清洁度较高,且具有可再生性,是一种取之不尽,用之不竭的能源。为了鼓励新能源利用,碳税征收前期不应把乙醇、沼气等新能源纳入课税对象。

二是清洁电力。在进行碳税立法时,电力有可能会被纳入课税对象。这时,应分清电力来源,予以区别对待,以此来确保碳税设计的合理性。就电力来源而言,既有在化石燃料燃烧中获取的电力,又有利用风能、水能、核能等获取的电力。由于清洁电力在我国电力构成中占据一定比例,若开征碳税,应给予免税处理,避免出现"误伤"。

三是非燃烧用途燃料。有一小部分化石燃料,并非用于燃烧目的,而是被作为原材料、冷却剂、防冻剂、还原剂等使用,其使用过程中没有释放或者释放了少量的二氧化碳,其对于全球气候变暖的"贡献"不大,建议给予免税处理。

四是域外使用燃料。对于那些在中国境内购买,而在国外使用的燃料,应给予免税处理,这种情形多发生在跨国运输领域。就航空运输而言,某一国际航班仅需对其在中国领空内所使用的化石燃料缴纳碳税,而在中国领空外所使用的化石燃料给予免税处理。同理,飞机、国际列车、国际巴士和国际轮船,在中国境外使用的化石燃料免税。

五是特殊产业。所有排放二氧化碳的企业理应成为碳税的纳税主体。但是,若一国不顾某些产业的特殊性,对所有企业都适用统一的税收标准,必然会导致一些产业面临灭顶之灾。在进行碳税立法时,前期也可以考虑给予钢铁企业、火电企业、水泥企业等能源密集型企业相应的税收优惠。

六是特殊群体。开征碳税后，像电力、天然气、煤炭等生活必需品的价格必然会随之上涨，城市和农村低收入群体所受到的影响较大，很有可能会影响到其正常生活。为了减少负面影响，应对其进行特殊保护，给予相应的税收优惠。

参考文献

一 著作

工业和信息化部:《中国制造 2025 解读材料》,电子工业出版社 2016 年版。

国土资源部:《中国矿产资源报告 2016》,地质出版社 2016 年版。

曹明德:《环境与资源保护法》,中国人民大学出版社 2008 年版。

曹明德、黄锡生:《环境资源法》,中信出版社 2004 年版。

曹明德:《生态法新探》,人民出版社 2007 年版。

韩德培:《环境保护法教程》,法律出版社 2007 版。

张文显:《法哲学范畴研究》,中国政法大学出版社 2001 年版。

吕忠梅:《超越与保守——可持续发展视野下的环境法创新》,法律出版社 2003 年版。

王树义:《俄罗斯生态法》,武汉大学出版社 2001 年版。

汪劲:《环境法学》,北京大学出版社 2007 年版。

于文轩:《中国能源法制导论——以应对气候变化为背景》,中国政法大学出版社 2016 年版。

蒋亚娟:《可持续发展视域下的能源税立法研究》,厦门大学出版社 2009 年版。

苏明、傅志华:《中国节能减排的财税政策研究》,中国财政经济出版社 2008 年版。

史丹:《我国能源行业财税政策及税费水平的国际比较》,中国社会科学出版社 2016 年版。

梁云凤:《绿色财税政策》,社会科学文献出版社 2010 年版。

杨姝影、蔡博峰、曹淑艳：《国际碳税研究》，化学工业出版社2011年版。

崔景华：《资源税费制度研究》，中国财政经济出版社2014年版。

景春梅、刘向东等：《城市燃气价格改革：国际经验与中国选择》，社会科学文献出版社2015年版。

李传轩：《中国环境税法律制度之构建研究》，法律出版社2011年版。

毛涛：《碳税立法研究》，中国政法大学出版社2013年版。

钱俊生、余谋昌：《生态哲学》，中共中央党校出版社2004年版。

施正文：《税收程序法论——监管征收权运行的法理与立法研究》，北京大学出版社2003年版。

欧洲环境局：《环境税的实施和效果》，刘亚明译，中国环境科学出版社2000年版。

[美] 博登海默：《法理学：法律哲学和法律方法》，邓正来译，中国政法大学出版社2004年版。

[罗马] 查士丁尼：《法学总论》，张企泰译，商务印书馆1993年版。

[美] 罗尔斯：《正义论》，何怀宏、何包钢、廖申白译，中国社会科学出版社2006年版。

[英] 布莱恩·巴利：《社会正义论》，曹海军译，江苏人民出版社2008年版。

[美] 保罗·萨缪尔森、威廉·诺德豪斯：《微观经济学》，萧琛译，华夏出版社1999年版。

[英] 庇古：《福利经济学》（上卷），朱泱等译，商务印书馆2006年版。

二 论文

曹明德：《略论生态法的理论基础》，《法学研究》2002年第5期。

毛显强、杨岚：《瑞典环境税——政策效果及其对中国的启示》，

《环境保护》2006 年第 1 期。

付子堂:《法律正义引论》,《河南省政法管理干部学院学报》2001 年第 2 期。

蔡守秋:《环境正义与环境安全——二论环境资源法学的基本理念》,《河海大学学报》(哲学社会科学版) 2005 年第 2 期。

崔军:《关于我国开征碳税的思考》,《税务研究》2010 年第 1 期。

薛钢:《关于碳税设计中的次优选择研究》,《中国人口·资源与环境》2010 年第 12 期。

潘家华:《碳排放交易体系的构建、挑战与市场拓展》,《中国人口·资源与环境》2016 年第 8 期。

陈兴良:《立法理念论》,《中央政法管理干部学院学报》1996 年第 1 期。

刘国涛:《科学发展观指导下的环境法体系之创新》,《法学评论》2004 年第 4 期。

王振宇、武丽:《构建税收的合法性基础》,《地方财政研究》2006 年第 1 期。

苏明:《新形势下我国碳税政策设计与构想》,《地方财政研究》2010 年第 1 期。

李传轩:《应对气候变化的碳税立法框架研究》,《法学杂志》2010 年第 6 期。

课题组:《新形势下我国碳税政策设计与构想》,《地方财政研究》2010 年第 1 期。

钟锦文、张晓盈:《环境税收体系下的中国碳税设计构想》,《武汉大学学报》(哲学社会科学版) 2010 年第 6 期。

李传轩:《应对气候变化的碳税立法框架研究》,《法学杂志》2010 年第 6 期。

陈兴良:《立法理念论》,《中央政法管理干部学院学报》1996 年第 1 期。

王振宇、武丽:《构建税收的合法性基础》,《地方财政研究》

2006年第1期。

李传轩：《环境税收入使用法律制度研究》，《当代法学》2011年第1期。

杨筱玲：《论环境法的效率观——树立新的环境效率价值》，《江西社会科学》2003年第7期。

汪斌：《环境法的效率价值》，《当代法学》2002年第3期。

沈满洪、何灵巧：《外部性的分类及外部性理论的演化》，《浙江大学学报》（社会科学版）2002年第1期。

周旺生：《论法律的秩序价值》，《法学家》2003年第5期。

杨兴：《气候变化的国际法之秩序价值初探》，《河北法学》2004第5期。

王正平：《深层生态学：一种新的环境价值理念》，《上海师范大学学报》（哲学社会科学版）2000年第4期。

赵惊涛：《生态安全与法律秩序》，《当代法学》2004年第3期。

曲仲湘、王焕校等：《生态平衡概述》，《生态学杂志》1982年第4期。

长青：《生态平衡的概念》，《学习与探索》1979年第4期。

胡卫星：《论法律效率》，《中国法学》1992年第3期。

张仲新、张新时：《中国生态系统效益的价值》，《科学通报》2000年第1期。

后　记

　　从 2006 年开始，我有幸师从著名法学家曹明德教授研习环境与资源保护法。先生对我进行了悉心指导，给予了很多锻炼机会，特别是通过参与课题研究，使我加深了对环境保护法律问题的认识。在此过程中，参与了两项先生主持的相关课题，让我对绿色税收从陌生到熟悉，并逐渐产生了研究兴趣。2010 年年初，先生指导我研究碳税立法问题，通过一段时间的学习和思考，最终确定将《碳税立法研究》作为我的博士论文选题。同年 9 月，受国家留学基金委资助，来到加拿大英属哥伦比亚大学，进行了为期一年的博士联合培养。留学生活虽然很单调，但是很充实，我集中时间进行阅读和写作，顺利完成了博士论文初稿。归国后，先生指导我对博士论文进行了修改完善，得以顺利通过答辩并获评优秀博士学位论文。

　　从读大学开始，就希望能够进入科研院所工作。博士毕业那年，找工作的历程尽管有些坎坷，但最终如愿以偿，找到了理想工作，考入了工业和信息化部国际经济技术合作中心，成为一名研究人员。工作后，研究更偏重于产业政策。由于产业政策与经济学联系密切，而自己的经济学知识却非常欠缺。为补齐"短板"，产生了在职攻读经济学博士后的想法。经过一年多准备，2015 年考取了中国国际经济交流中心博士后，有幸师从著名经济学家郑新立先生，从事研究工作。特别佩服先生心系国家的情怀，每次见面，先生都会与我分享关于热点问题的思考，指导我从宏观视角研究产业问题。在先生的指导下，我正在以"《中国制造 2025》实施问题研究"为题准备博士后出站报告。此外，通过参与起草《关于加强长江经济带工业绿色发展的指导意见》《工业节能管理办法》和《绿色制造企业绿色供应链管理导则》等重要文件，主持和参与研究《绿色供应链管理体系研究》《〈节能法修改〉前期工作研究》和《节能环保产业"走出去"政策研究》等重大课题，参加相关调研和座谈活动，加深了对工业发展问题的理解，对于工业发展与环境保护的关系也有了新的认识。

本书尝试从绿色税收视角，对工业绿色发展提出相关建议。在本书写作过程中，感谢长丰能源有限公司总裁助理林司芹女士、中国社会科学院出版社梁剑琴博士、新华网能源环保频道主编张世祥先生对我的关心、指导和帮助，感谢工业和信息化部国际经济技术合作中心领导的大力支持以及江道辉副主任、白旻博士、黄琰童博士、房增强博士、高浚淇博士、张政博士、徐媛等协助校对文稿。

毛 涛

2017年8月1日